Rudolf Liechtenhan
Ballettgeschichte

Rudolf Liechtenhan

Ballett geschichte

im Überblick

für Tänzer und ihr Publikum

FLORIAN NOETZEL VERLAG

»Heinrichshofen-Bücher« · Wilhelmshaven

An Wazlaw Orlikowsky, der mir die Welt des Balletts erschlossen hat.

CIP-Titelaufnahme der Deutschen Bibliothek

Liechtenhan, Rudolf:
Ballettgeschichte im Überblick für Tänzer
und ihr Publikum / Rudolf Liechtenhan. –
Wilhelmshaven: Noetzel, Heinrichshofen-
Bücher, 1990
    ISBN 3-7959-0480-3

Lektorat: Dr. phil. Christa Kleinschmidt
Photographische Mitarbeit: Inge Ross

Inhaltsverzeichnis

Hochzeitszug aus »Peer Gynt«, Musik Edvard Grieg, Choreographie Wazlaw Orlikowsky — Ballettensemble des Stadttheaters Basel

Vorwort

Seit vielen Jahren hat der Autor immer wieder Gelegenheit gehabt, angehende Tänzer, Schüler verschiedener bekannter Ballettberufsschulen in Hamburg, München, Stuttgart und Zürich in die Geschichte des Balletts einzuführen. Die dabei gemachten Erfahrungen gleichen sich von Ort zu Ort:

Die Tänzerausbildung nimmt die jungen Leute in einem solchen Maß in Anspruch, daß die allgemeine und die ballettbezogene- theoretische Ausbildung zu kurz kommt, ja zu kurz kommen muß. Zu den verständlichen Ermüdungserscheinungen nach einem Tag härtester körperlicher Arbeit kommt als Zeiterscheinung dazu, daß die allgemeinbildende Schule den angehenden Tänzern das Lernenkönnen nicht unbedingt erleichtert. In unserem optischen Zeitalter des Fernsehens und der »Cartoons« sind Anstrengungen, welche das Lesen längerer Texte und das Zuhörenkönnen erfordern, nur noch wenig gefragt. Nun ist es aber zweifellos falsch, nur Berufstänzer heranzubilden, die zwar technisch hervorragend sind, deren Bildung jedoch vernachlässigt ist. Wer beim Ballett über den Alltag herauswachsen will, und das dürfte doch zweifellos das Ziel aller sein, dem wird der rein körperliche Einsatz nicht weit helfen. Eine Beschäftigung mit bildenden und persönlichkeitsfördernden Fächern ist darum eine absolute Notwendigkeit. Das hat schon eine der größten Ballettpädagoginnen, die ehemalige Tänzerin des letzten Zaren und Lehrerin einer ganzen Generation von Tänzerinnen und Tänzern im Pariser Exil, Olga Preobrajenska, eingesehen. Sie erklärte einst, das Elend komme von einem argen Mangel an musischer Bildung der Tänzer. Unter »Elend« verstand sie bestimmt, die mangelnde Fähigkeit über das Körperliche im Tanz hinaus auch das Geistig-Künstlerische zu entwickeln.

In der »Ballettgeschichte im Überblick« ist anhand der in den verschiedenen Schulen gemachten Erfahrungen hauptsächlich jener Stoff verarbeitet worden, der dem angehenden Tänzer vertraut sein müßte und über den er vielleicht in den an

7

den meisten Schulen durchgeführten Abschlußprüfungen befragt werden wird. Nur Wichtiges also, dieses aber in seine kulturelle Umwelt gestellt. Wie wäre es möglich, über die großen Ballette der Romantik, wie etwa »La Sylphide« oder »Giselle« etwas auszusagen, ohne nicht die kulturelle Umwelt der Romantik einzubeziehen? Wie wäre es einer Tänzerin später möglich, die Rolle der »Giselle« zu tanzen, wenn sie über die Romantik und deren Geist und Wesen wenig oder nichts erfahren hat?

Die Lehrtätigkeit des Autors hat immer wieder gezeigt, daß er dann eine Antwort schuldig bleiben mußte, wenn er nach einem Buch zum Nachlesen des Gehörten befragt wurde. Da die Mehrzahl der zum Teil geeigneten Werke nur noch in Bibliotheken auffindbar ist, erschien es ihm angemessen, eine diesem Zweck entsprechende kurzgefaßte Ballettgeschichte zu schreiben. Für die Bereitschaft, auf diesen Vorschlag einzugehen, soll herzlich gedankt werden.

Je mehr man beim Schreiben eines solchen Buches in die Gegenwart vorstößt, desto mehr wird das Schreiben zum Abenteuer. Wie sollte man aus eigener Erfahrung alles kennen und beurteilen können? Wie oft ist es doch schon vorgekommen, daß ein Choreograph nach schwerem Anfang erst nach Jahren zum Erfolg kam und umgekehrt, ein meteorhafter Aufstieg relativ rasch zum Fehlstart wurde. Erst die Zeit wird in den meisten Fällen ein gültiges Urteil fällen können.

Der Autor hat sich bewußt darauf beschränkt, das Ballettgeschehen der jüngsten Vergangenheit und der Gegenwart im Sinn einer Chronik zu behandeln. Das ist auch möglich, als erwartet werden darf, daß am Gegenwartsballett besonders interessierte Leser sich durch die Lektüre einer der bestehenden Ballettzeitschriften oder der Tageszeitungen auf dem Laufenden halten.

Es würde den Rahmen dieses Buches sprengen, wenn bei der Erwähnung der verschiedenen Choreographen deren sämtliche Choreographien aufgeführt würden. Wer eine mehr oder weniger geschlossene Werkliste kennenlernen möchte, der sei auf ein Ballettlexikon verwiesen. Beim Schreiben fremdländischer Namen ergeben sich oft gewisse Unterschiede. Um hier Ordnung in den Text zu bringen, wurde im Zweifelsfall jeweils die Schreibweise verwendet, wie sie im »Reclam Ballett-Lexikon« von Horst Koegler und Helmut Günther zur Anwendung gelangt. Auch die Daten weichen von einem Nachschlagewerk zum anderen oft voneinander ab. Auch hier fußen die Angaben auf denjenigen des »Reclam Ballett-Lexikon«.

Das Zeitalter der Renaissance

Es ist nicht die Aufgabe einer Ballettgeschichte, bis in Einzelheiten gehend bei der Betrachtung der kulturellen Epochen zu verweilen. Die Zeit der Renaissance ist darum, wie das später auch bei anderen Abschnitten der Fall sein wird, nur am Rande zum besseren Verstehen des Ballettgeschehens gestreift worden. Dies konnte umso eher der Fall sein, weil eine reiche Fachliteratur jedem Leser mühelos zur Verfügung steht.

Obwohl die Kirche den Tanz im Mittelalter immer wieder verboten und als sündig abgelehnt hatte, konnte sich der Volkstanz und auch der Hof- und Gesellschaftstanz in erfreulicher Art entwickeln. Zur Blüte vermochte letzterer jedoch erst zu gelangen, als der frische und offene Geist der Renaissance einer Entwicklung förderlich wurde.

Die Anfänge des Balletts gehen in die Epoche der Renaissance zurück, deren Zeitgeist erst die praktischen Vorraussetzungen dafür schufen.

In der Renaissance vollzog sich eine bewußte Begegnung mit der Antike. Nach Jahrhunderten des Kollektivdenkens begann eine »Entdeckung« des Individuums. Vorbereitet durch den Humanismus (Petrarca, Boccacio u. a.), in dem römische Bildung, Dichtung und bildende Kunst wieder zum Leben erweckt worden waren, bildete sich im 15. Jahrhundert das Gefühl heraus, im Zeitalter einer umfassenden Erneuerung des menschlichen Geistes zu leben, »wiedergeboren« zu werden. Verstärkt wurde dieses Gefühl durch große Entdeckungen und wissenschaftliche Leistungen: die Entdeckung Amerikas 1492 durch Columbus, Erkenntnisse über die Natur unseres Sonnensystems durch Kopernikus, Galilei und Kepler, Erfindung der Buchdruckerkunst durch Gutenberg (um 1440). Parallel dazu entwickelte sich ein Künstlertypus, der seine Kunst — ob es sich nun um Musik, Dichtung oder bildende Kunst handelte — als schöpferische Tätigkeit, nicht nur als handwerkliche Fertigkeit begriff. Der Wandel vom anonymen Künstler des Mittelalters zum selbst-

Griechischer Waffentanz: die Krieger trugen ursprünglich Schwerter oder Speere in der freien Hand

bewußten, seine Werke mit seinem Namen signierenden, vollzieht sich in dieser Zeit. Die narrative, religiöse Malerei und Plastik wird abgelöst durch Darstellungen des Menschen in seiner Natürlichkeit. Michelangelo, Leonardo da Vinci und Dürer sind einige der großen Repräsentanten dieser Epoche.

Altes Griechenland: Bacchische Tanzszene aus Myrina (Campana-Relief)

10

Gothische Statuen am Königsportal der Kathedrale von Chartres. Im Mittelalter mit seinem weitverbreiteten Kollektivdenken war es Brauch, den menschlichen Körper zu verbergen und in einer bewegungslosen Starre abzubilden.

11

Die Wiederentdeckung der Schönheit des menschlichen Körpers in der Renaissance. Giambologna (1529 — 1608)

Die Ahnen des Balletts

Die Zeit um 1600 hat dem Theater zwei seiner Darstellungsformen, die Oper und das Ballett, geschenkt.

Zwischen den beiden bestehen mehr als nur die Unterschiede, daß des Balletts »Sprache« der Tanz und jene der Oper der Gesang ist. Das Ballett hat eine sehr viel längere Zeit benötigt, um jene Werke hervorzubringen, die auch heute noch in unseren Theatern zur Aufführung gelangen. Die Oper umgekehrt hat schon kurze Zeit nach ihrer Entstehung mit den Werken von Claudio Monteverdi bleibende, immer noch gepielte Kunstwerke geschaffen (Claudio Monteverdi, geboren 1567 in Cremona in Oberitalien, gestorben 1643 in Venedig — Orfeo 1607, Il Ritorno d'Ulisse in Patria 1641 und L'Incoronazione di Poppea 1642). Das »Ballet comique de la Reine«, auch »Circe« genannt, das üblicherweise an den Beginn der Geschichte des Balletts gestellt wird, ist längst verschwunden. Es teilt das Schicksal der ersten Opern, Jacopo Peri's »Daphne« (1597) und »Eurydice« (1600). Das erste Ballett hingegen, »Don Juan«, das auch heute noch, allerdings nicht in der längst verloren gegangenen Originalchoreographie von Gasparo Angiolini (1731-1803), aber mit der Musik von Christoph Willibald Gluck (1714-1787), auf dem Spielplan der Theater steht, ist erst vor 200 Jahren in Wien zur Erstaufführung gekommen.

Auch wenn das »Ballet comique de la Reine« aus dem Jahre 1581 an den Anfang gestellt wird, so darf doch nicht übersehen werden, daß das Ballett damals nicht etwa schlagartig entstanden ist, sondern daß es sich aus einer Reihe von Vorgängern entwickelt hat, vor allem in den Ländern Italien und Frankreich.

Die Zeit der Renaissance, mit ihrem Zentrum Florenz, liebte die Entfaltung von Pracht. Eine große Rolle spielten dabei die Trionfi, groß angelegte Umzüge, in denen Prunkwagen mitgeführt wurden. Auf diesen wurden Szenen aus der antiken Sagenwelt dargestellt, wobei die Phantasie in der Nachbildung von überdimensionierten Tiergestalten und Fabelwesen beeindruckend war. Selbstverständlich wurden

Agostino Carracci (1557 — 1602), Erstes Intermezzo aus »Armonia delle Sfere«,
Florenz 1589

die Trionfi von Musikanten begleitet, die auf bestimmten Plätzen zu den Tänzen jener Zeit aufspielten. Die Entfaltung von Prunk kannte unter der Herrschaft der Medici in Florenz keine Grenzen und bald taten es die übrigen Fürstentümer des damaligen Italien der Stadt am Arno gleich. Die uns hinterlassenen Stiche solcher Trionfi, etwa aus der Hand des berühmten französischen Zeichners Jacques Callot (1592-1635), lassen erkennen, wie keine Mittel gescheut wurden, um der Schaulust Genüge zu tun. Etwas bescheidener waren die auf Prachtentfaltung mehr verzichtenden Treni, bei denen die Fußgänger vorherrschten.

Wichtig für die Entwicklung des Balletts waren die Intermedien (Zwischenspiele), im 15. Jahrhundert aufkommende dramatische Darstellungen mit selbständiger Handlung. Sie waren mit Chören und Tänzen ausgestattet, je nach Gelegenheit handelte es sich um Pantomimen, Maskeraden oder Musikstücke. Eines der bekannte-

*Remigio Cantagallina (1582 — 1630), Triumphwagen Neptuns in einem der »Trionfi«
anläßlich der Vermählung Maria Magdalenas von Österreich mit Cosimo dei
Medici, Florenz 1608.*

sten dieser Intermedien war anläßlich der Hochzeit des Galeas Visconti, Herzog
von Mailand, mit Isabella von Aragon 1489 in Mailand aufgeführt worden. Gestalten der antiken Götterwelt trugen ihre Gaben herbei und das Ganze endete mit einem Loblied auf die eheliche Treue. Da kein Geringerer als Leonardo da Vinci
(1452-1519) damals im Dienst des Herzogs stand, darf angenommen werden, daß
der berühmte, auch für Ausstattung von Festlichkeiten zuständige Maler dieses sogenannte »Hochzeitstafel-Ballett« verschönert hat.

Das ausgehende Mittelalter und auch die Zeit der Renaissance zeichneten sich
durch eine weit verbreitete Freude an Maskeraden aus. Nicht nur zur Carnevalszeit,
auch bei allen möglichen Anlässen liebte man es, sich durch Verkleidung unkennt-
lich zu machen. Auch diese Maskeraden sind zu einem der Elemente des späteren
Hofballetts geworden.

Jacques Callot (1592 — 1635), »Balli di Sfessania«, eine Reihe von Stichen mit Figuren der für die Entwicklung zum Ballett bedeutungsvollen Commedia dell'arte.

Sie waren hauptsächlich in Frankreich außergewöhnlich beliebt und waren Anlaß zu allerlei Unfug. Im Gebiet des heutigen Frankreich war es ganz besonders das Herzogtum Burgund, das sich durch eine große Festfreudigkeit auszeichnete. Die damals ausgeführten Tänze und Tanzlieder haben unter anderem in dem in Brüssel aufbewahrten »Manuscript dit des Basses Danses« aus dem Besitz von Margarethe von Österreich ihren Niederschlag gefunden.

Vom alten Rittertum her stammte die Lust vornehmer Kreise an Turnieren. Sie waren stets von Festlichkeiten begleitet und boten Anlaß zur Entfaltung von Pracht. Die Freude an solcher Art von Vergnügen wurde erst gedämpft, als König Heinrich II. von Frankreich im Jahre 1559 an den Folgen einer in einem Turnier zugezogenen Verletzung starb.

Ebenfalls bedeutungsvoll für die Entwicklung zum kommenden Ballett sind die Moresken. Sie waren kleine dramatische Spiele, in welchen der Kampf der in Spanien eingedrungenen Araber gegen die Christen dargestellt wurde. Selbstverständlich blieben die christlichen Spanier stets Sieger in diesen theatralischen Spielen. Ähnliche Moresken stellten die Kämpfe der Kreuzritter gegen die heidnischen Eroberer des Heiligen Landes dar. Nicht zu vergessen ist, daß die tanzenden Darsteller der Commedia dell'arte, mit ihren oft akrobatischen Darbietungen und ihrer Kunst der Improvisation einen Einfluß auf das Theater ganz allgemein, besonders aber auch auf das Ballett, ausgeübt haben.

Interessant ist ein Blick auf die Art und Weise, in der an der Wende des 16. zum 17. Jahrhundert getanzt wurde. Man unterscheidet, abgesehen von den einzelnen

Tänzen, die sich aus den Volkstänzen entwickelt hatten, zwischen den sogenannten »Danses basses«, die in langsamen Tempi würdig am Boden sich bewegend ausgeführt wurden und den lebhafteren gehüpften und auch gesprungenen »Danses hautes«. Die Danses basses (tief ausgeführte Tänze) wurden in erster Linie durch die vornehme Gesellschaft getanzt, während die Danses hautes dem gemeinen Volk vorbehalten waren. Die in den ersten 100 Jahren nach dem »Ballet comique de la Reine« im sich abzeichnenden Ballett getanzten Tänze unterschieden sich nur unmerklich von den damaligen Tänzen der Gesellschaft. Erst das Aufkommen der Berufstänzer ermöglichte Bühnentänze mit verbesserter und schwieriger Technik.

Schon früh spielten im gesellschaftlichen Leben der Renaissance und des aufkommenden Barocks die Tanzmeister eine Rolle. Da das gesellschaftsfähige Tanzen zu den Tugenden aller vornehmen Personen des Adels gehörte, konnten sie sich über Mangel an Arbeit nicht beklagen. Mehrere dieser »Maîtres à danser« haben

Russischer Bauerntanz (Lackdose, russisch 19. Jahrhundert)

LAITIERE DE MAY

ihre Erfahrung und Kunst schriftlich niedergelegt. Die bekanntesten Tanzbücher und ihre mehrheitlich in Italien wirkenden Autoren sind:

Domenico da Piacenza »Ueber die Kunst zu tanzen und Chöre zu leiten«. Er unterscheidet als wichtige Punkte: Misura (Takt), Maniera (Art zu Tanzen), Memoria (das Erinnerungsvermögen für Bewegung), Partir di terreno (die Aufteilung des Raums) und Aire (Kraft des Springens). Näheres über da Piacenza ist nicht bekannt. Man weiß nur, daß er nach 1462 gestorben ist.

Guglielmo Ebreo (geboren um 1443, Todesjahr unbekannt) schrieb »Trattato della danza«, ein Versuch einer frühen Notation des Tanzes. Eine ähnliche Absicht versuchte Antonio Cornazano (1431-1500) zu verwirklichen.

Der ungefähr von 1536 bis 1604 lebende Cesare Negri (die genauen Lebensdaten sind unbekannt) gab 1604 sein Werk »Nuove inventioni di Balli«, das höfische und auch eigene Tänze beschreibt, heraus. Am bedeutungsvollsten aber ist wohl »Il ballerino«, das Marco Fabricio Caroso 1577 in Venedig veröffentlichte und das eine Art choreographischer Anweisungen und von Bildern begleitete Regeln des höfischen Tanzes enthielt.

Interessant ist die Tatsache, daß die erwähnten Bücher teilweise bereits auf die auch heute noch gültigen Gesetze des klassischen Tanzes hinweisen. So kannte man damals schon, wenn auch nicht so ausgeprägt wie später, die En dehors-Stellung des Beins und die fünf Fußpositionen.

Thoinot Arbeau (1519-1596) hat in seiner Orchésographie 1588 ein eigentliches Lehrbuch des Tanzes geschrieben.

Die alten Tanzlehrer waren aber weit mehr. Sie unterrichteten nicht nur im eigentlichen Tanz. Sie lehrten auch gute Manieren, so zum Beispiel die Kunst, sich vor einer höhergestellten Persönlichkeit standesgemäß zu verneigen oder eine Dame zu begrüßen. Sie richteten auch für geeignete Zwecke die Tänze ein, und sie dürfen als Vorläufer unserer heutigen Choreographen bezeichnet werden. Die Frage drängt sich auf, welche Tänze von den Tanzmeistern gelehrt wurden. Im Vordergrund standen die aus Volkstänzen entwickelten Formen der Allemande, der Courante, der Sarabande und der Gigue. Besonderer Beliebtheit erfreute sich etwas später das Menuett. Gregorio Lambranzi, ein venezianischer Ballettmeister, hat 1716 in Nürnberg sein Buch »Neue und Curieuse Theatralische Tantz-Schul« veröffentlicht. Er begleitet in seinem Buch die Noten mit Wortcharakterisierung der zu diesen passenden Tänze. Beschrieben werden nicht nur die bekannten höfischen Tänze, zu den bereits erwähnten wären auch noch Bourreé und Rigaudon zu zählen, sondern auch die verschiedenen, vom gewöhnlichen Volk ausgeführten mehr derben Tanzformen.

Linke Seite, oben:
Die am Boden getanzten »Danses basses« der vornehmen Gesellschaft und die gesprungenen »Danses hautes« des Volkes.

Linke Seite, unten:
Einer der im gesellschaftlichen Leben wichtigen Tanzmeister beim Unterricht

Balthasar de Beaujoyeux (um 1530 — 1587)
»Le Ballet des Polonais« Paris 1573

Frühgeschichte des Balletts

Vielfach wird das 1573 erstmals aufgeführte Ballett »Ballet aux ambassadeurs polonais« (auch »Ballet des Polonais« genannt) als erstes Werk der Ballettgeschichte bezeichnet. Das vorerwähnte »Ballet comique de la Reine« (1581) jedoch als erstes zu
nennen ist richtiger, weil in ihm erstmals eine echte Verbindung der Künste stattfand. Doch lassen wir den Choreographen dieser Ballette, del Belgiojoso, selbst
sprechen: »Das Ballett ist eine geometrische Mischung verschiedener miteinander
tanzender Personen und dies zu den verschiedensten Klängen, die von verschiedenen Instrumenten erzeugt werden. Es sollte erstmals erlaubt sein, die Musik mit der
Poesie und die Poesie mit der Musik zu verschmelzen und miteinander zu mischen.
Es sollen die antiken Gestalten nie ihre Verse ohne Musik hersagen und Orpheus
soll nie seine Klänge ohne Verse singen.«

Einer Erklärung bedarf der Zusatz »comique«, der keinenfalls mit »komisch«
übersetzt werden darf. »Dramatisch« entspricht viel eher der Absicht des Autors.
Dieser, Balthasar de Beaujoyeux, war unter dem Namen Baltazarini de Belgiojoso
aus Italien nach Paris gekommen. Dort schuf er im Auftrag seiner Herrin, der Königinmutter Katharina von Medici, 1581 für die Hochzeit des Duc de Joyeuse mit
Mademoiselle de Vaudemont sein Ballett. Das mit riesigem Aufwand im Louvre
erstaufgeführte Werk (seine Aufführung dauerte über 5 $\frac{1}{2}$ Stunden) berücksichtigte
auf geschickte Art die Parolen der »Académie de Musique et de Poésie«, welche
1570 vom Dichter Jean-Antoine Baïf und vom Komponisten Thibaut de Courville
ins Leben gerufen worden war und die zur Vereinigung der Künste aufrief. Tatsächlich kann das Ballett damals als eine Mischung aus Gesang, Rezitation, Musik und
Tanz bezeichnet werden. Die Handlung des Ballet comique folgt der Geschichte
der Irrfahrten des Odysseus. Er gerät in die Gefangenschaft der bösen Zauberin
Circe, die seine sämtlichen Begleiter in Tiere verzaubert. Erst dem ins Geschehen
eingreifenden König von Frankreich gelingt es dank seiner Tugendhaftigkeit, den

Tänzer—Ensemble mit Spielkarten (Mailand, 17. Jahrhundert)

Bann der bösen Zauberin zu brechen. Die bedeutenderen Rollen wurden von Angehörigen des hohen Adels getanzt. Getreu dem Brauch der Zeit trugen sie Masken, was die Verwandtschaft des jungen Balletts mit den Maskeraden, aber auch mit dem antiken griechischen Theater und der Commedia dell'arte belegt. Weibliche Rollen wurden meist von Männern getanzt, was dank der bodenlangen Kleider und der Masken ohne Schwierigkeit geschehen konnte. Das Tragen der Masken auf der Ballettbühne hat sich allen Reformbestrebungen zum Trotz bis ins späte 18. Jahrhundert halten können. Festzuhalten ist auch, daß die Aufführung nicht in einem Theater im späteren Sinn, einem solchen mit Guckkastenbühne, sondern in einem rechteckigen Saal stattfand. Die hochgestellten Persönlichkeiten nahmen auf erhöhten Galerien oder Emporen Platz und verfolgten daher das Geschehen von oben. Das erklärt, daß die Choreographie streng geometrische Formen und Bewegungsabläufe bot. Eine große Rolle spielte auch die Symmetrie, ein Kennzeichen der meisten Choreographien, welche in den nächsten Jahrzehnten auf das »Ballet comique« folgten. Das nahende barocke Theater, gekennzeichnet durch seine raffinierte und aufwendige Bühnenausstattung, zeichnete sich schon in diesen Balletten deutlich ab. Die Kosten spielten im absolutistisch regierten Frankreich überhaupt keine Rolle. Diese sollen im »Ballet comique de la Reine« eine immense Summe verschlungen haben.

Wenig ist über die Musik im »Ballet comique de la Reine« bekannt. Man kennt zwar die Komponisten, die für die Nachwelt jedoch keine Begriffe mehr darstellen. Es darf hingegen mit Sicherheit angenommen werden, daß Belgiojoso bei der Gestaltung der Musik ein wichtiges Wort mitzureden hatte. Er wird einmal vom Dichter Brantôme als »bester Violonist der Christenheit« bezeichnet. Er hat mindestens den Komponisten seiner Ballette genaue metrisch-rhythmische Anweisungen für die Gestaltung der Musik erteilt.

Das »Ballet comique de la Reine« hatte einen gewaltigen Erfolg zu verzeichnen. Es diente weiterhin in Frankreich als Vorbild und wurde vielfach nachgeahmt.

Eine Flut von solchen »Ballets de Cour« (Hofballetten) entstand, und da Frankreich bald unter dem Einfluß seiner Könige zum Vorbild des höfischen Lebens wurde, sind Hofballette auch in anderen Ländern, wenn auch in viel bescheidenerem Ausmaß, feststellbar. In Frankreich selbst verhinderten die in der Folge der Kriege fehlenden Geldmittel, daß die Nachfolgewerke des ersten Balletts mit ähnlichem Aufwand verwirklicht wurden. Sie sind alle von geringer Wirkung geblieben und sie wurden, wie auch das »Ballet comique de la Reine«, später nie wiederholt.

Wichtig ist, zwischen den dramatischen »Ballets de Cour« (Hofballetten) und den »Ballets Mascarade« zu unterscheiden. Die ersteren wiesen dramatische Sze-

»Der Frühling siegt über den Winter«
Auftritt der Kraniche und der Pygmäen aus dem »Ballett der Völker des Nordens«
(Ballet des Peuples nordiques),
Turin 1657

23

nen auf, während die letzteren einfache Darbietungen waren, in welchen Maskierte tanzten. Unter den Hofballetten sind die folgenden Werke von historischer Bedeutung:

»Ballet de la Délivrance de Renaud« 1617 (Ballett von der Befreiung des Renaud)

»Ballet des Fées des Forests de Saint-Germain« 1625 (Ballett der Feen des Waldes von Saint-Germain)

»Ballet de la Douairière de Billebahaut« 1626 (Ballett der Königinmutter von Bilbao)

Künstlerisch weit wertvoller als in Frankreich waren die Hofballette in England. Die »Masks«, wie sie genannt wurden, wurden unter anderem nach Worten des Dichters Ben Jonson (1572-1637) getanzt.

An den Masks waren auch der Komponist Henry Purcell und der bedeutende Bühnenausstatter Inigo Jones beteiligt. Interesse verdient ein Hinweis des Schweizer Arztes Thomas Platter, der in seinen Reiseerinnerungen um 1595 zu berichten weiß. »Den 21. Septembre nach dem Imbiss-Essen, etwan um zwey, bin ich mit mei-

Tomaso Borgognio, »l'Unione per la Peregrina Margherita Reale e Celeste«, Turin (1660)

Rechte Seite:
Ballet de Cour (Hofballett) unbekannten Namens. Es wurde 1617 im Saal Vladislav im Schloß zu Prag zu Ehren von Maximiliam I., Herzog von Bayern, aufgeführt.

ner Gesellschaft über das Wasser gefahren, haben im Dachhaus (gemeint ist wohl das Globe-Theatre) die Tragödie vom ersten Keyser Julio Cesare mit ungefähr 15 Personen sehen gar artig agieren. Zu End der Comedien danzteten sie ihrem Gebrauch nach gar zierlich, je zween in Mannes — und zween in Weiber Kleidern angetan, wunderlich zusammen«. Dieser Hinweis erlaubt es zu vermuten, daß auch in den Dramen von Shakespeare, ähnlich wie bei den Bühnenwerken von Molière, Tänze aufgeführt wurden.

Interessant ist, was im zwischen 1732 und 1750 erschienenen »Grossen, vollständigen Universal-Lexikon« von Johann Heinrich Zeidler (1701-1763) geschrieben steht:

»Theatralische Tänze bestehen in Entreen, Balletten, Sarabanden und andern künstlerischen Täntzen, welche die auf dem Theatro vorzustellende Materie zur Absicht haben, und solcher Gestalt der tantzenden Personen, Kleider, Geberden, Stellung und Schritte darnach ausgerichtet werden, als wenn z. E. des Vulcans Höhle, wie in solcher des Achillis Schwerd geschmiedet wird, solte vorgestellet werden, so würde ein Aufzug von Cyclopem in ihren Schurtzfellen, mit Hämmern auf den Achseln, um etwa einen Amboß herum gebrauchet werden müssen. Die Schritte und Geberden müssen hauptsächlich mit dem Charakter der Personen, den sie ausdrücken, übereinstimmen. Bei den Entreen der Damen muß die Modestie allenthalben die Oberhand haben, die Capriolen sind ihnen nicht anständig und ihre Sprünge müssen niemals über das Contretems schreiten. Sollen Cavaliere tantzen, müssen douce und manierliche, bei Bauern tumme und ungeschickte, bei Klopf-Fechtern freche und freye, bei Soldaten heroische kühne Schritte, Minen und Gebärden, an Händen, Füßen, Augen, Kopf und gantzen Leib ausgesonnen werden. Winde müssen leicht, trunkene Menschen taumelnd, zornige hitzig, lustige fröhlich, furchtsame zweifelhaftig und betrübte traurig tantzen. Je natürlicher die Gesticulation ist, je künstlicher und rühmlicher wird auch das Ballett sein«.

Aus einem der Mittelmeerländer, Portugal, ist ein um 1625 aufgeführtes »Ballet du Tabac« bekannt. Sein Inhalt ist:

»Die Szene stellt die Insel Tabago dar. Eine Gruppe von Indianern besingt das Lob des Tabaks und erzählt von den Völkern, denen die Götter die Wohltat des Rauchens verliehen haben. Nun erscheinen vier Priester. Sie entnehmen goldenen, an ihren Gürteln festgebundenen Dosen Tabakstaub und werfen diesen zur Besänftigung der Winde und Stürme in die Luft. Sie schreiten sodann würdig rund um einen Altar und rauchen dazu aus langen Pfeifen ihren Tabak, und opfern so ihren Göttern. Zwei Indianer reihen Tabakblätter an einen Faden und zwei weitere beginnen, Tabak zu zerkleinern. Noch zwei weitere zermalmen Tabakblätter in einem Mörser und andere beginnen, Tabakblätter zu raspeln. Das nächste Entrée zeigt die Indianer beim Tabakschnupfen. Sie bieten sich gegenseitig die Schnupftabakdose an und niesen dabei, was sie mit komischen Gebärden begleiten. Im folgenden Bild sieht man Türken, Mauren, Spanier, Portugiesen, Deutsche, Franzosen und Polen und Vertreter anderer Völker in einem Rauchergemach von den Indianern Tabak entgegennehmen, wobei das Spiel sein Ende nimmt.« (aus M. A. Baron »Lettres à Sophie sur la Danse« Paris 1825)

Am bedeutungsvollsten aber ist das Ballett zweifellos in Turin gewesen. Christine von Savoyen, eine Schwester König Ludwigs XIII von Frankreich, brachte zahlreiche Ballette nach französischem Vorbild zur Aufführung. Das vermutlich zum ersten Mal auch volkstümliche Gestalten auf die Bühne bringende Ballett »Les Montagnards« (die Bergler) ist von Bedeutung. In Stockholm brachte Königin Christine dem Ballett viel Interesse entgegen. Eines, das sie zur Feier des den Dreißigjährigen Krieg beendenden Westfälischen Friedens 1648 aufführen ließ, hat keinen Geringeren als den an ihrem Hof weilenden franösischen Philosophen René Descartes zum Verfasser des Szenarios gehabt. Auf ihrer Reise nach Rom, die sie nach ihrem Übertritt zum Katholizismus antrat, feierten die Jesuiten sie überall

Giacomo Torelli (1604 — 1678), Bühnenarchitektur auf zwei Ebenen zu »Les noces de Pelée et de Thétis« (1654), in dem auch Ludwig XIV. mitgetanzt hat.

27

durch ballettartige Festlichkeiten. Von Rom aus begab sie sich nach Paris, um dort Ludwig XIV. tanzen zu sehen.

Die Jesuiten erblickten im Tanz ein Mittel der Erziehung und waren ihm darum sehr zugetan. Sie betrachteten das Ballett aber auch als eine Möglichkeit, das schaulustige Volk anzuziehen und es zu beeinflussen. Das sogenannte Jesuitenballett hat darum in den katholischen Ländern eine nicht unbedeutende Rolle gespielt.

Sozial gesehen verdient der Feuerwerker Horace Morel, der einen damals wichtigen Beruf ausübte, eine Erwähnung. Er erhielt die königliche Genehmigung, als Privatmann in Paris Ballette zur Aufführung zu bringen. Mit dem königlichen Aufwand konnte er allerdings nicht konkurrieren, und sein Unternehmen nahm mit dem Ballett »Die fünf Sinne« 1633 wieder ein Ende.

Wichtig ist zu erwähnen, wie die Ballets de Cour mit den allgemeinen Festlichkeiten verbunden waren. Nicht nur die Tänze, jene auf der Bühne und jene im Festsaal, waren sich gleich oder mindestens ähnlich. Die Darsteller des Balletts, fast ausnahmslos Adlige, ja gekrönte Häupter, nahmen selbstverständlich auch an den auf das Ballett folgenden Ballfestlichkeiten teil. Nachdem sie sich in dem, ein Ballett abschließenden, »Grand Ballet« zusammengefunden hatten, schritten sie zum Ballfest, das seinerseits wiederum in einem festlichen Feuerwerk endete. Unter dem Einfluß italienischer Bühnenausstatter nahmen auch die Dekorationen des Balletts an Bedeutung zu.

Zeitalter des Barock

Unter Barock versteht man eine Stilepoche, die sich vom Ende des 16. bis zur Mitte des 18. Jahrhunderts erstreckt. Auf einen Baustil angewandt, wurde das Wort barocco urprünglich im abwertenden Sinn gebraucht als etwas Skurriles, aus der Form Geratenes, Geschmackloses.

Nach der an der Antike orientierten Klarheit der Formen in der Renaissance erlebt der Barock eine Übersteigerung ins Grandiose. Aufwand und Prachtentfaltung, Erweiterung der Realität durch Illusionismus sind Charakteristika in allen Bereichen der Künste. Dem wird die Erkenntnis entgegengesetzt, daß sich die menschlichen Leidenschaften nur durch Ordnungsprinzipien steuern lassen, was zu einer hohen Stilisierung in Leben und Kunst führt. Der französische Absolutismus, in vollkommenem Maß verkörpert in Ludwig XIV., ist eine letzte Steigerung der Ständegesellschaft. Am Ende des Barock stehen die Gründungen wissenschaftlicher und künstlerischer Akademien. In England ensteht der neue Liberalismus, der schließlich zur französischen Revolution und zu modernen Staatformen führt.

Im Bereich des Theaters zeichnete sich das Barock durch unerhörte Pracht im Gestalten der Bühnen und Kostüme aus. Man kann die Epoche auch als die große Zeit des Totaltheaters bezeichnen. Musik, Gesang, Rezitation, Tanz und Bild verschmolzen zu einer stilistischen Einheit, wie sie vorher und nachher unbekannt war.

Ballettgeschichtlich ist das Barock die Zeit des Übergangs von den Hofballetten und Maskeraden zu den Komödien mit Ballett von Molière und Lully und zu den Ballettopern von Lully und später von Rameau. Noch im Barock zeichnet sich die beginnende Zeit der Handlungsballette deutlich ab.

Folgende Doppelseite:
Giovanni Legrenzi (1626 — 1690), »Germanico sul Reno« Teatro di San Salvatore,
Venedig 1676.
Bild links Bühnenaufbau ohne Darsteller, rechts Bühne mit Darstellern.

29

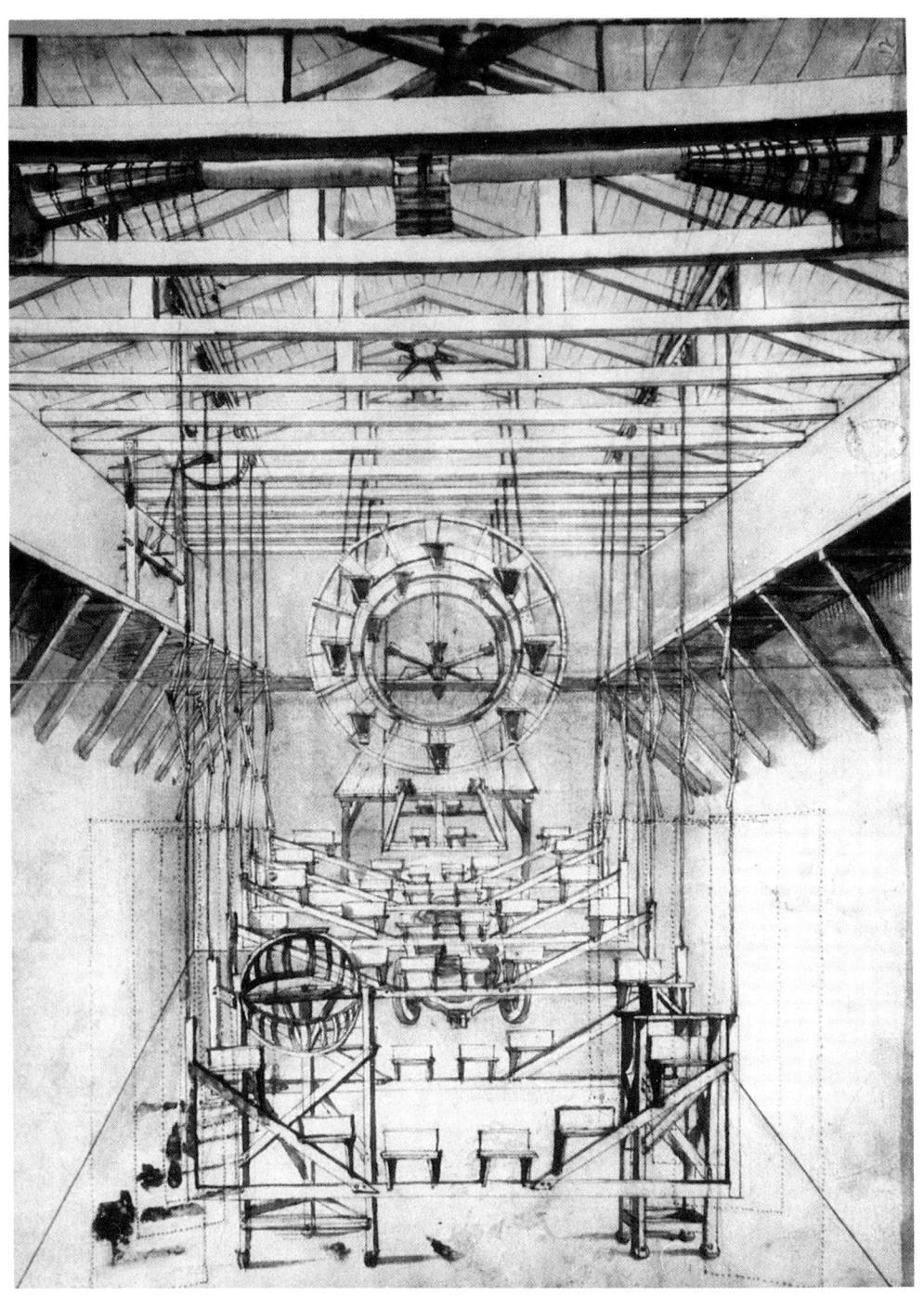

31

Stefano della Bella.
Dritte Szene aus dem Ballett »Der Garten der Venus« (Giardino di Venere) aus dem
Jahre 1661

Ballett im Zeitalter des Sonnenkönigs

Schon die Vorgänger von König Ludwig XIV., Henri II. und Ludwig XIII. waren begeisterte Freunde des Tanzes, und des letzteren Gattin Anna von Österreich sorgte nach dem Tode ihres Gemahls (1643) als Regentin dafür, daß der zukünftige König von Frankreich die edle und angesehene Kunst des Tanzens erlernte. Er verstand es bald, zwischen dem dramatischen, ausdrucksbetonten und dem rein figurativen, geometrischen Tanz wohl zu unterscheiden.

Einen bestimmt tiefen Eindruck auf den jungen König muß die Aufführung des bereits früher in Italien aus der Taufe gehobenen Balletts »La Finta Pazza« (Die gespielte Verrückte 1645) gemacht haben. Die Königinmutter hatte während ihrer Regentenzeit den aus Italien stammenden Kardinal Mazarin zu ihrem Vertrauten und Minister erkoren. Mazarin war ein begeisterter Freund der Musik und des Theaters und ließ Künstler aus seiner früheren Heimat nach Paris kommen. Die von diesen gebotenen, aus der venetianischen Opernschule hervorgegangenen, Werke führten etwas später zur französichen Oper. Von Bedeutung waren in der »Finta Pazza« weniger die Musik oder die Choreographie, sondern die zauberhaften Bühnenbauten des italienischen Architekten Giacomo Torelli (1604-1678), den man in Paris bald den Zauberer des Theaters nannte. Die Bühnentechnik Torellis muß in der Tat zauberhaft gewesen sein. Es ist kaum vorstellbar, wie mit technisch bescheidenen Mitteln Effekte größter Wirksamkeit erzielt wurden. Torellis aufwendige Bühneneinrichtungen kamen dem barocken Hang zu Prachtentfaltung weitgehend entgegen.

Im »Ballet de Cassandre« trat Ludwig XIV., 6 Monate vor seiner Volljährigkeit und der Übernahme der Regierung, erstmals öffentlich als Tänzer auf (1651). Er blieb dem Tanzen treu, bis seine zunehmende Korpulenz ihn (ab 1670) am Auftreten hinderte. An den Balletten der Regierungszeit Ludwig XIV. waren zwei Librettisten maßgebend beteiligt, Isaac Benserade (vermutlich geboren 1613), gestorben

*Barockes Gartentheater. Wilde Tiere und Haustiere in paradiesischem
Zusammenleben.*

1691) und Philippe Quinault (1635-1688). Die uns erhaltenen Textbücher weisen
zahlreiche Huldigungsadressen an die jeweils auftretenden adligen Persönlichkeiten
und von diesen rezitierte Verse auf. Es ist erwiesen, daß die Adligen, denen das
Tanzen keinerlei größere Mühe bereitete, selbst auf der Bühne tanzten. Die Verse
aber sprachen sie nicht, sondern sie vertrauten sie Schauspielern an. Dies war darum leicht möglich, weil die Gesichter durch die Masken verborgen blieben und die
Kostüme für die »Doubles« gleich gestaltet wurden und so die Täuschung perfekt
war. Es darf angenommen werden, daß die Vertretung der Tanzenden durch Schauspieler aus Zeitgründen nötig war. Der vielbeschäftigte König hat tatsächlich vor
der Erstaufführung eines Balletts wochenlang täglich mehrere Stunden lang seine
Tänze geprobt. Die Verse und Rezitationen auswendig zu erlernen, wäre ihm wohl
nicht auch noch möglich gewesen.

Zu erwähnen ist fernerhin »Les Noces de Pelée et de Thétis« (Die Hochzeit der Pele und des Thetis« (1654), in dem der König besonders glänzte. Da die Zuschauer viele Stunden lang im Theater, d. h. in dem zur Aufführung hergerichteten Saal, warten mußten, bürgerte sich ein, ihnen zum Verbringen der Wartezeit Textbücher mit den Huldigungsadressen und Versen in die Hand zu geben. Diese enthalten keine szenischen Anmerkungen und man ist gezwungen, sich mit einiger Phantasie selbst vorzustellen, wie die Handlung ablief. Das Warten auf den Beginn der Aufführungen wurde auch durch das Einnehmen von süßen Getränken und sogenannten Confitüren verkürzt. Unter die Zuschauer mischten sich nicht selten auch ungebetene Gäste, so daß strenge Türkontrollen notwendig wurden. Der Dichter Molière, von dem bald noch gesprochen werden soll, hat in den sein Comédie-Ballet »Le Bourgeois Gentilhomme« (Der Bürger als Edelmann) von 1670 abschließen-

Jean Baptiste Lully (1632 — 1687), »Les Festes de l'Amour et de Bacchus«.
Eine Aufführung im »Kleinen Park« des Schlosses von Versailles 1668

35

den »Entrées de Ballet« das Verteilen eines Textbuches und das Gedränge im Theater eindrücklich geschildert. Als bedeutendste Ballettmeister- und Choreographenpersönlichkeit ist Pierre Beauchamp (1636 - ungefähr 1705) zu erwähnen. Er ist auch als Tänzer hervorgetreten. Seine größte Bedeutung erlangte er jedoch als Direktor der von Ludwig XIV. 1661 ins Leben gerufenen »Académie Royale de Danse« (Königliche Tanzakademie). Sie diente in erster Linie der Verbesserung der Tanztechnik, die unter Einfluß der mehr und mehr in Erscheinung tretenden Berufstänzer schwieriger zu erlernen wurde. Die Académie bestand außer ihrem Direktor Beauchamp aus 13 weiteren Tanzmeistern. Interessant ist, daß bereits damals das Erteilen von Tanzunterricht nur den Inhabern eines von der Académie ausgehändigten Diploms erlaubt war. Die Académie wurde 1780 wieder aufgelöst, da ihre Aufgaben durch die 1672 inzwischen gegründete »Académie Royale de Musique« übernommen worden waren.

Von Interesse ist der Wortlaut der Gründungsurkunde der »Académie Royale de Danse«, die 1662 vom Parlament genehmigt worden war. Eine der wichtigsten Stellen lautet: »Wenn der Tanz stets als eine der höchsten und nützlichsten Arten von Körperschulung anerkannt worden ist, so darum, weil er dem Körper die grundlegenden und natürlichen Voraussetzungen für Bewegungen aller Art verleiht.« Man hat folglich schon damals die Vorzüge des Tanzens erkannt. Jene Zeit war der unsrigen weit voraus, in dem sich nicht nur die Erkenntnis von der gesundheitsfördernden Wirkung des Tanzens, sondern auch die Notwendigkeit der Kontrolle der Tanzpädagogik durchgesetzt hat.

Ludwig XIV. verdankt seinen Zunamen »Sonnenkönig« seinem Auftreten im »Ballet de la Nuit« aus dem Jahre 1653. Im folgenden soll der Inhalt dieses »Balletts der Nacht« mit seinen auf 4 Teile (Akte) aufgeteilten 45 Entrées wiedergegeben werden: Der erste Teil spielt zuerst auf dem Land, dann in der Stadt in der Zeit zwischen 6 und 9 Uhr des Abends. Eröffnet wird die Szene durch die auf einem Wagen einfahrende Nacht mit ihren zwölf Stunden. Eine der Stunden wurde vom König, eine andere von Beauchamp dargestellt. Der Meeresgott Protheus erscheint mit seinen Meerestieren. Jäger und Hirten kehren von ihrer Arbeit zurück und allerlei vornehme Gestalten kaufen bunte Bänder und Süßigkeiten ein. Invalide und Bettler geben sich ein Stelldichein. Der zweite Teil ist durch Tanzdivertissements ausgefüllt, die sich in der Zeit zwischen 9 Uhr abends und Mitternacht abspielen. Der folgende Teil bringt allerlei gespenstige Gestalten: Eulen, Zauberer, Hexen geben sich einem wahren Wirbel hin. Da beginnen die Glocken zu läuten, und der ganze Zauber verschwindet. Spärlich bekleidete Gestalten fliehen aus einem brennenden Haus.

Der letzte Teil ist dem Schlaf zugeteilt. Die Szene ist vor der Grotte der Träume aufgebaut. Falschmünzer weichen vor der sich erhebenden Sonne — verkörpert durch Ludwig XIV. — zurück, der von den Stunden und den Genien umgeben ist. Diese Szene hat dem König den Zunamen »Roi Soleil« (Sonnenkönig) verliehen.

Ludwig war bei der Übernahme seiner Rollen nicht sehr wählerisch. So stellte er in anderen Balletten einen Ägypter (damals gleichbedeutend mit Zigeuner), das Genie des Tanzens oder einen Betrunkenen dar.

Nicht unerwähnt dürfen die damals in den Hofballetten getragenen Kostüme bleiben. Jene der Damen waren knöchellang, was größere tänzerische Freiheit verhinderte. Durch entsprechende Aufmachung ging aus dem Kostüm hervor, welche Art von Persönlichkeit dargestellt werden sollte. So trug etwa die Nacht eine Laterne auf dem Kopf und ein Handwerker trug die zu seinem Beruf gehörenden Werkzeuge mit sich. Der Kopfputz war oft so gewaltig, daß auch deshalb größere Bewegungen unterbleiben mußten. Sicher ist, uns überkommene Rechnungen belegen es, daß hauptsächlich bei den Kostümen hochgestellter Persönlichkeiten keine Kosten gescheut wurden. Die Staatsform des Absolutismus hatte da trotz des weitverbreiteten Elends, verursacht durch Kriege, Epidemien und Hungersnot, keinerlei Rücksicht zu nehmen.

Die Regierungszeit Ludwigs XIV. wurde besonders durch zwei bedeutende Männer geprägt. Es sind der aus Florenz stammende Komponist Jean-Baptiste Lully (früher schrieb er sich Lulli) und der Dichter Molière. Diese beiden starken Künstlerpersönlichkeiten rechtfertigen eine eingehende Betrachtung und Würdigung. Dies ist umso mehr der Fall, weil ihre Werke auch heute noch gespielt werden.

Molière (1622-1673), eigentlicher Name Jean-Baptiste Poquelin, ist als der große Komödiendichter des barocken Frankreich bekannt. Er hat aber auch namhafte Beiträge zur Entwicklung des Balletts geleistet. Er darf als der Begründer der »Comédie-Ballet« bezeichnet werden. Diese mit »Ballettkomödie« zu übersetzen wäre

Das die theatralischen Festlichkeiten abschließende Feuerwerk in »Les Plaisiers de l'Ile enchantée«, 1664, Texte von Molière, Musik von Jean—Baptiste Lully.

irreführend. »Komödie mit Ballett« kommt der Struktur dieser Bühnenform eher entgegen. Molière hat zu seinem Werk »Les Fâcheux«, etwa mit »Querulanten« zu übersetzen, ein sogenanntes Avertissement, ein Vorwort oder eine Begründung geschrieben, die den Charakter dieser Art von Bühnenwerk klarlegt: »... Der Plan bestand daraus, zusammen mit der Komödie auch ein Ballett aufzuführen. Da aber nur wenige Tänzer zur Verfügung standen, mußte man die Entrées de Ballet vom Rest des Werkes trennen. Es war naheliegend, sie zwischen den einzelnen Akten einzufügen, so daß den Tänzern genügend Zeit blieb, ihre Kostüme zu wechseln. Damit der Handlungsfaden durch die Entrées nicht unnötig zerrissen werde, befleißigte man sich, die Entrées so gut wie nur möglich in die Handlung der Komödie einzubauen und so aus dem Ballett und der Komödie ein Ganzes zu machen.«

Die Erstaufführung der »Fâcheux« in Vaux-le-Vicomte ist Molières Auftraggeber, dem königlichen Finanzverwalter Fouquet, nicht gut bekommen. Der in seinem in der Nähe von Paris gelegenen prachtvollen Schloß getriebene Aufwand mißfiel dem König. Fouquet fiel in Ungnade, doch die »Fâcheux« wurden trotzdem später in Paris nachgespielt. Unter den rund 30 Bühnenwerken von Molière sind ein Drittel mit Tanz vermischte Komödien oder, wie etwa die zusammen mit dem Dichter Pierre Corneille geschriebene »Psyche«, eine »Tragédie-Ballet«. Es ist auffallend und schade, daß das deutschsprachige Theater dieser Tatsache nicht Rechnung trägt und Molières Bühnenwerke, die ja auch heute oft gespielt werden, als reine Dichtungen des Sprechtheaters betrachtet. Wer etwa den »Bürger als Edelmann« schon in seiner Originalform gesehen und gehört hat, wird diese Originalferne unserer Theater bedauern. Auf Molière als Mitbegründer des Handlungsballetts wird später noch zurückzukommen sein.

Jean Baptiste Lully (1632-1687), aus Florenz gebürtig, war angeblich in seiner frühen Jugend Küchengehilfe. Er fiel schon früh durch seine musikalische Begabung auf. Er kam 1644 nicht etwa als Musiker, sondern als Sprachlehrer von Anne-Marie-Louise d'Orléans, Herzogin von Montpensier, nach Paris. Lully erfreute sich bald der Zuneigung des Königs und stieg mit der Zeit bis zum Superintendanten der Königlichen Musikkapelle auf, und er erfreute sich sowohl als Tänzer, Schauspieler, besonders aber als Musiker größter Beliebtheit. Lully schrieb für die meisten der »Comédies-Ballet« von Molière die Musik und er darf als der spätere Begründer der französischen Oper bezeichnet werden.

Der Komponist Robert Cambert und der Textdichter Perrin erhielten 1669 von Ludwig XIV. das Recht, ihre Oper, die erste ihrer Art mit französischem Text, die Pastorale »Pomone« zur Aufführung zu bringen und der italienischen Oper ein französisches Gegenstück gegenüberzustellen. Das Unternehmen war ohne Erfolg, und Cambert und Perrin wurden in Schulden getrieben. Lully erfaßte klug die sich ihm bietende Gelegenheit und erwarb die Alleinrechte der Aufführung französischer Opern. Das veranlaßte ihn, sich vermehrt dieser neuen Kunstform mit ihren Balletteinlagen zuzuwenden. Lully entzweite sich mit Molière und die Musik zu des Dichters letztem Werk (es enthält die größte Zahl aller Entrées de Ballet), der »Malade imaginaire« (Der eingebildete Kranke), wurde von Marc-Antoine Charpentier

Antonio Cesti, »Il pomo d'Oro«, 1667, Ballettszene. Der kolorierte Stich trägt in lateinischer, italienischer, französischer und deutscher Sprache den Text »Der Geschmack — das Gastmahl der Götter«.

(1635-1704) geschrieben. Charpentier ist uns heute als der Komponist des musikalischen Signals zu den Eurovisionssendungen, wenn auch unbewußt für die meisten, wohl bekannt.

Lully schrieb die Musik für zahlreiche Hofballette und Komödien mit Musik, einige mit Text von Molière. Er ist ferner der Komponist von 14 meist tragischen Opern, von welchen fast alle ausgedehnte Balletteinlagen enthalten. Die bekanntesten dieser Opern, die auch heute noch gelegentlich aufgeführt werden, sind »Alceste« (1674) und »Armida« (1686). Was uns jedoch hier besonders interessiert, sind die von ihm komponierten Hofballette und Komödien mit Ballett.Lully verstand es ausgezeichnet, das französische Musik- und Theaterleben zu beherrschen und die

41

anhaltende Gunst des Königs zu nutzen. Am bedeutendsten ist seine Musik zu »Bürger als Edelmann«, ein Werk, in welchem Lully sich auch als Tänzer-Schauspieler auszeichnete und angeblich in der Rolle des vermeintlichen türkischen Mufti den größeren Erfolg erzielte als Molière in der Titelrolle. Lully bewährte sich auch als das, was wir heute mit Regisseur bezeichnen.

Für das Ballett und seine Geschichte ist ein Werk, zu dem Lully die Musik schrieb, von Bedeutung, das 1681 entstandene Hofballett »Le Triomphe de l'Amour« (Der Triumph der Liebe). Dieses bringt noch einmal die große Kunst des Hofballetts auf die Bühne. Noch einmal vereinigen sich die Musen zu einem grandiosen Gesamtkunstwerk. Dieses Ballett ist auch deshalb wichtig, weil angeblich in ihm 1681 erstmals eine Berufstänzerin, Mademoiselle Lafontaine, aufgetreten sein soll. Neuere Forschungen haben jedoch ergeben, daß es eine Mademoiselle Giraut gewesen war, die wahrscheinlich bereits 1661 in der ersten Aufführung der Komödie mit Ballett »Les Facheux« in Erscheinung trat. »Triomphe de l'Amour« wird von den beiden Librettisten Benserade und Quinault als »Ballet Royal« bezeichnet. Choreographiert wurde es von Beauchamp und dem Tänzer-Choreographen Louis Pécourt (um 1653-1729). Das Werk sollte die Liebe verherrlichen und dem König huldigen. Die Handlung, sofern man das Geschehen auf der Bühne als eine solche bezeichnen darf, beschränkte sich darauf, in der Anwesenheit von Göttern dem Sohn der Venus, Amor, einen festlichen und würdigen Empfang zu bereiten. Bedeutungsvoll ist das Werk in erster Linie deshalb, weil mit ihm die adligen Tanzamateure endgültig in die Minderheit versetzt und von den Berufstänzern verdrängt wurden. Je mehr der Adel aus dem Bühnengeschehen ausgeschaltet wurde, desto mehr gab er sich den beliebten Ballfestlichkeiten hin. Diese stellten bald alles Vorhergegangene an Aufwand weit in den Schatten. Die sich abzeichnende Zeit des Rokoko kündigte sich deutlich an.

In der Zeit um 1660 setzte in mehreren Ländern eine große Zeit der Oper ein. In fast allen Fällen handelte es sich dabei um solche mit mehr oder weniger ausgedehnten Balletteinlagen: u. a.

1662 Francesco Cavalli »Ercole amante« (Der verliebte Herkules). Die Oper blieb anfänglich erfolglos in Paris, dem Ort der ersten Wiedergabe. Erst als Lully Balletteinlagen beisteuerte, stellte sich der Erfolg ein.
1666 Antonio Cesti »Il pomo d'oro« (Der goldene Apfel). Das Werk wurde anläßlich der Hochzeit Philippe IV. mit der Prinzessin Margaretha-Theresa von Spanien in Wien 1668 aufgeführt. Die Oper enthielt besonders umfangreiche Balletteinlagen. Sie hat aber vor allem wegen der prunkvollen Ausstattung von Lodovico Burnacini einen großen Erfolg aufzuweisen gehabt.

Vorstehende Doppelseite:
Barocke Ballettdekoration des »Der Zauberer« genannten italienischen
Bühnenarchitekten Giacomo Torelli. Sie zeigt eine der Szenen aus »Les Noces de Pelée
et de Thétis« aus dem Jahre 1654

Szenenbild aus der Ballettoper »Amadis« (1684), Musik von Jean—Baptiste Lully

Giuseppe Galli Bibiena (1696 — 1756), Barocke Theaterszene mit Sängern und Tänzern.

1692 Henry Purcell »The Fairy Queen« (Feenkönigin). Das Textbuch folgt dem »Sommernachtstraum« von Shakespeare.
1697 André Campra »L'Europe galante«.
1699 André Campra »Le Carnaval de Venise«
1710 André Campra »Les Fêtes venitiennes«

Der Komponist Campra, zeitlich zwischen Lully und Jean-Philippe Rameau angesiedelt, erreicht zwar nicht die gleiche Schönheit der musikalischen Sprache, bot jedoch einen trotzdem wertvollen Beitrag zur Entwicklung der französischen Ballett-Oper. Ihren Höhepunkt sollte diese dann dank Jean-Philippe Rameau erreichen.

Eine Abart des Balletts war das zuerst in Florenz aufkommende Pferde- oder Roßballett. Es erfreute sich etwas später, außer in Paris, am Hof zu Wien großer Beliebtheit. Die heutige Wiener Hofreitschule darf als Erbe des barocken Pferdeballetts bezeichnet werden. Da diese Pferdeballette vornehmlich im Freien aufgeführt wurden, wurden sie von Musik begleitet, deren Instrumentation sich den akustischen Gegebenheiten anpaßte. Trompeten und Schlaginstrumente wurden bevorzugt. Es sind uns choreographische Aufzeichnungen der Pferdeballette überliefert worden, die sich kaum von der Tanzschrift jener Zeit unterscheiden.

Große Tänzerinnen und Tänzer des Barock

Mit der Gründung der Académie Royale im Jahre 1661 beginnt das Zeitalter der großen Tänzer und Ballerinen. Der erste Direktor der Akademie, Pierre Beauchamp, war gleichzeitig Tänzer und Maître de ballet. Zu seinen Schülern gehörte unter andern Louis Pécourt (1653(?)-1729). Dieser trat hauptsächlich in den Ballettopern von Lully hervor und wurde Nachfolger von Beauchamp als Ballettmeister der Académie de Musique, der heutigen Pariser Oper. Er ist auch als Choreograph hervorgetreten und hat sich um eine Fixierung der Regeln der zeitgenössischen Gesellschaftstänze verdient gemacht. Beauchamp aber ist die Festlegung der Regeln der klassischen Bühnen-Tanzkunst zu verdanken. Die technischen Möglichkeiten des Balletts haben sich seit der Barockzeit ständig entwickelt. Gewisse Elemente wie das En dehors, die fünf Fußpositionen, die Glissés, Coupés, Jetés, Assemblés, Chassés, Sissonnes, Pas de bourrée oder Entrechats gehörten in der Folge zu dem, was ein Tänzer beherrschen mußte. Ein Tänzer, der viel von sich reden machte, war Jean Balon (1676-1739, nach neuen Erkenntnissen Claude Balon). Er brachte es bis zum Ballettmeister an der Oper in Paris. Sein Name wird gelegentlich mit dem tanztechnischen Begriff »balon«, dem scheinbaren in der Luft Verharren beim Hochspringen, in Zusammenhang gebracht. Großartig muß die mimische Begabung von Jean Balon gewesen sein. Darüber wird Näheres noch bei der Erwähnung der Anfänge des Handlungsballetts zu sagen sein.

Ein anderer bedeutender Tänzer jener Zeit war Louis Dupré, der Große Dupré genannt. Er tanzte bis ins Alter von 60 Jahren, und er trat als Lehrer von Gaetan Vestris und Noverre hervor.

Als Tänzerin ist in der Zeit des ausgehenden Barock neben der Lafontaine auch Marie-Thérèse Subligny (1666-1736) bekannt geworden. Sie erscheint nicht nur in den Annalen der Pariser Oper, sondern auch in Rapporten der Polizei, die sie nicht frei von allerlei Skandalen erscheinen lassen. Auch in der zeitgenössischen Kritik erscheint ihr Name und es wird vermerkt, sie habe fast immer die Füße En dedans statt En dehors getanzt. Sie trat nicht nur in Paris, sonders als erste der französischen Tänzerinnen auch in England auf.

Größeren Erfolg als die Subligny hatte Françoise Prévost (1680-1741) aufzuweisen. Der Komponist Jean-Philippe Rameau erklärte von ihr, daß in einem einzigen ihrer Tänze die gesamten Tanzregeln zur Geltung kämen.

Der Komponist Rameau darf nicht mit seinem Namensgenossen Pierre Rameau verwechselt werden. Dessen 1725 in Paris erschienenes Buch »Le Maître à danser« (Der Tanzmeister) bringt in Bild und Beschreibungen einen Überblick über die damals in der Gesellschaft und im Theater getanzten Tänze. Rameau knüpfte dabei an die berühmte Schrift von Raoul-Auger Feuillet aus dem Jahre 1701 »Choréographie ou L'Art de d'écrire La Dance par Caractères, Figures et Signes démonstratifs« (Die Choreographie oder die Kunst, den Tanz mit Signalen, Zeichnungen und hinweisenden Zeichen zu schreiben) an. Feuillets Tanznotation war nicht der erste Versuch dieser Art. Bereits die italienischen Tanzbücher enthielten Rudimente einer Tanzschrift. Da der Tanz damals noch weitgehend geometrisch war, ließen sich die Bewegungsabläufe am Boden gut fixieren. Problematisch wurde die Tanzschrift erst, als der Tanz vermehrt zur Raumkunst geworden war.

Die Geschichte des Tanzes und des frühen Balletts ist am eingehendsten vom Jesuitenpater Claude-François Ménéstrier (1631-1705) in seinem 1682 veröffentlichten Buch »Des Ballets anciens et modernes selon les règles du Théâtre« (Die alten und neuen Ballette nach den Regeln des Theaters) niedergeschrieben worden. Wenn auch die neuere Forschung in der Zwischenzeit einiges, was Ménéstrier schrieb, korrigieren mußte, so stellt sein Buch doch eine wichtige Quelle von Erkenntnissen dar.

Die Tänzerin Françoise Prévost darf für sich den Vorzug buchen, die beiden berühmtesten Ballerinen des beginnenden 18. Jahrhunderts , Camargo und Sallé, unterrichtet zu haben. Sie muß diese Ehre allerdings mit dem Tänzer-Choreographen Nicolas Blondy (1675-1747) teilen.

Marie-Anne Camargo, eigentlich Cupis de Camargo (1710-1770), die aus spanischem Kleinadel stammte und in Belgien aufgewachsen war, verdankte ihr erfolgreiches Début dem Tänzer David Dumoulin, der in der Pariser Oper einen Auftritt verpaßte. Die Camargo sprang geistesgegenwärtig ein und der so erzielte Erfolg stand am Beginn einer außergewöhnlichen Karriere. Die Camargo verkörperte den Typus der dramatischen Tänzerin, im Gegensatz zu ihrer Rivalin Marie Sallé, die dem lyrischen Tänzerinnentypus zuzurechnen war. Es ist interessant, auf den stets wiederkehrenden Gegensatz lyrisch-dramatisch hinzuweisen. Wir begegnen ihm in der Antike, wo den feierlichen apollonischen Tänzen die ungestümen dionysischen gegenübergestellt werden können. In der Zeit der Renaissance unterschied man zwischen den geruhsam am Boden ausgeführten Danses basses und den gehüpften

Rechte Seite: Pierre Rameau, »le Maître à dancer«, Paris 1725.
Tanzszene in höfischer Umgebung.

und gesprungenen Danses hautes. Auf die lyrische Sallé und die laut dem Dichter Voltaire »wie ein Mann tanzende« Camargo folgte in der Zeit der Romantik auf die ebenfalls lyrische Taglioni die dramatische Fanny Elssler, und im »Schwanensee« wird dem sanfteren, leidenden Weißen Schwan, der Odette, der wilde Schwarze Schwan, die Odille, entgegengesetzt.

Die Camargo darf für sich in Anspruch nehmen, den Tänzerinnen bis dahin typisch männliche Bewegungen, wie etwa die Cabrioles und die Entrechats, erschlossen zu haben. Sie konnte dies nicht zuletzt darum tun, weil sie im Sinn einer Kostümreform als erste Tänzerin daran ging, ihr bodenlanges Kleid zu verkürzen und auf die vorher etwa höheren Absätze zu verzichten.

Der Würdigung der Marie Sallé (1707-1756) muß eine Betrachtung des Jahrmarktstheaters vorhergehen. Diese der Commedia dell'arte verwandte Art des Theaters wurde in erster Linie auf der Pariser »Foire Saint-Laurent« gespielt. Die Akteure konnten dies jedoch nicht uneingeschränkt tun. Denn bald erblickten die vom König mit Patentschriften ausgestatteten Bühnen im überaus erfolgreichen Jahrmarktstheater eine ernstzunehmende Konkurrenz. Zuerst verbot man den Jahrmarktsschaupielern, Dialoge zu sprechen. Das führte zu ungewöhnlichen Situationen. Wenn ein Mann eine Liebeserklärung machte, so durfte er die Antwort der Angebeteten nicht abwarten. Er mußte die Bühne verlassen, bevor diese antworten durfte. Schließlich half man sich mit Spruchbändern, auf welchen die Texte geschrieben waren. Als auch dieser Ausweg verschlossen wurde, begannen die Schauspieler, sich der Kunst der alten Römer erinnernd, das Auszusagende zu mimen, das heißt durch Gesten auszudrücken. Maria Sallé ist ein Kind des Jahrmarktstheaters, und sie hat bestimmt die Kunst der Pantomime sehr früh erlernt. Sie ist auf alle Fälle schon im Kindesalter im bekannten Pantomimentheater des John Rich (1682-1761) in London aufgetreten. Sie begann ihre ernsthaftere Bühnentätigkeit in einem der Theaterstücke des Jahrmarkttheaters in Paris, der 1718 gegebenen »Princesse de Carizme« von Le Sage und D'Orneval. Ihr erstes Auftreten in der Pariser Oper fällt ins Jahr 1727. Die Sallé wurde rasch die große Rivalin der Camargo. Sie ersetzte deren dramatisches Tanzen durch größere Persönlichkeit und erhöhte Ausstrahlung. Bedeutungsvoll war für die Tänzerin anläßlich von Gastspielen in London die Begegnung mit dem Komponisten Georg Friedrich Händel (1685-1759). Es muß sich bald eine rege Zusammenarbeit mit der Sallé angebahnt haben. Händel schrieb für die Tänzerin einen zusätzlichen Terpsichore-Prolog für seine Oper »Il pastor fido« (1734) und in seinen ungefähr zur gleichen Zeit entstandenen Opern »Oreste«, »Ariodante« und »Alcina« sind breiter angelegte Balletteinlagen mitkomponiert. In ihren Bestrebungen um die Reform des Kostüms ging die Sallé noch weiter als die Camargo. Sie tanzte in einem leichten Schleier aus Musseline und nahm die spätere Reform des Kostüms durch Jean-Georges Noverre vorweg. Sie hat durch ihre im Jahrmarktstheater erlernte Kunst der Pantomime auch die Idee des Handlungsbal-

Rechte Seite: Jean Raoux (1677 — 1734).
Idealisiertes Portrait der Tänzerin Françoise Prevost (um 1680 — 1741) als Bacchantin

Le Sage und d'Orneval, »La Princesse de Carizme«, ein Werk des Jahrmarkttheaters, in welchem die große Ballerina des ausgehenden Barocks, Marie Sallé (1707 — 1756), als Kind 1718 erstemals aufgetreten ist.

letts vorbereitet. In Paris zeichnete sie sich ganz besonders in den Ballettopern von Rameau und Campra aus.

Jean-Philippe Rameau wird immer wieder als der bedeutendste französische Barockkomponist bezeichet. Seine großen Werke für das Theater fallen jedoch erst in die Spätzeit des Barocks. Bemerkenswert ist, daß der Meister der französischen Oper des 18. Jahrhunderts sein erstes Bühnenwerk erst mit 40 Jahren geschrieben hat. Auf sein »Hippolyte et Aricie« (1733) folgten in rascher Folge nicht weniger als 22 Opern, die meisten unter ihnen sind ausgesprochene Ballettopern. 2 seiner bekanntesten Werke seien erwähnt: In »Les Indes galantes« (1735) entfaltete Rameau alle Schattierungen effektvollen tänzerischen und durch Gesang begleiteten Geschehens. Die einzelnen Teile sind: »Le Turc généreux« (Der großzügige Türke) — »Les Incas du Pérou« — »Les Fleurs« (Die Blumen) — »Les Sauvages« (Die Wilden). Die Szenen geben reiche Möglichkeiten des tänzerischen und musikalischen Lokalkolorits. Das Werk hatte seinerzeit einen ungeheuren Erfolg aufzuweisen. Marie Sallé hat in dieser Ballettoper ganz besonders brilliert. Das Werk ist übrigens in unserer Zeit (1952) mit aller verfügbaren Pracht der Ausstattung an der Pariser Oper mit großem Erfolg wieder aufgeführt worden. Diese Pracht auch in neuzeitlichen Aufführungen zu respektieren ist darum nötig, weil die Handlung allein doch etwas zu wenig herzugeben vermag.

Eine komische Ballettoper »Platée« (1745) ist in jüngster Zeit ebenfalls mit ausgezeichnetem Erfolg wieder auf die Bühnen gebracht worden. In dieser soll die Eifersucht der Göttermutter Juno auf ihren Gatten Jupiter lächerlich gemacht, das heißt, als unangebracht hingestellt werden. Die mitspielenden übrigen Götter des Olymp lassen Jupiter die dicke und mannstolle Sumpfnymphe Platée begegnen. Natürlich ist die Eifersucht der Juno unnötig, und die Göttermutter und der Göttervater versöhnen sich. Rameau baut die Tänze seiner Ballettoper nicht in die Handlung ein. Er läßt jedoch Gestalten, wie etwa die »traurigen Verrückten« oder die »fröhlichen Verrückten« auftreten, was seiner Oper erhöhten komischen Effekt verleiht.

Zahlreich sind die Ballettopern jener Zeit. Es sprengt den Rahmen dieses Buches, sie alle zu erwähnen. Immerhin seien die Namen der Komponisten Antonio Vivaldi (1678-1741) und Georg Philipp Telemann (1681-1767) genannt. Nicht vergessen werden darf auch die englische »Beggar's Opera« (Bettleroper) von Gay und Pepusch (1667-1752). Sie enthielt Tanzeinlagen und setzte sich erfolgreich gegen die Opern Georg Friedrich Händels durch.

Der Übergang vom Barock zur Klassik

Die Zeit zwischen Barock und Klassik ist gekennzeichnet durch eine Periode unterschiedlicher Strömungen. Als Reaktion auf Pathos und Künstlichkeit des Barock erwuchs der Wunsch nach dem Einfachen, Natürlichen. Das kam sowohl in den Schäferidyllen des Rokoko (franz. rocaille=Muschel, ein charakteristisches Schmuckornament des Rokoko) zum Ausdruck, als auch in einer Abkehr vom barocken Baustil hin zum Klassizismus mit den »Urformen« der Antike. Aber auch die Rückbesinnung auf die Volksdichtung und -musik ist ein wichtiger Zug dieser Zeit.

Die Aufklärung ist durch die Verbreitung wissenschaftlich begründeter Erkenntnisse gekennzeichnet. Wesentlich trug dazu die von Denis Diderot (1713-1784) herausgegebene »Encyclopédie«, ein epochales Werk, bei. Dazu ist zu bemerken, daß Diderot in seinem Werk den Tanz zusammen mit dem Fechten und dem Reiten als »akademische Kunst« bezeichnet. Dies dürfte auch der Grund dafür sein, daß im Französischen der klassische Tanz oft auch als »Danse académique« (Akademischer Tanz) bezeichnet wird.

Eine Persönlichkeit überragender Bedeutung war auch Jean-Jacques Rousseau (1712-1778), Philosoph, Dichter, Musiker, der mit seiner allerdings nie wörtlich ausgesprochenen Maxime vom »Zurück zur Natur« beim Ballett die Abkehr von den mythologischen Gestalten unterstützte. Ein Werk wie »Das schlecht behütete Mädchen« (1789 — Choreographie von Dauberval) wäre ohne die Ideen von Rousseau kaum möglich gewesen.

Der Weg zum Handlungsballett

Schon zu Lebzeiten von Jean-Georges Noverre (1727-1810) und Gasparo Angiolini (1731-1803) setzte ein heftiger, in Schriften ausgetragener Streit um die Urheberschaft des Handlungsballetts ein. Dieses ist jedoch nicht »erfunden« worden, sondern es ist das Resultat einer Entwicklung. Die Anfänge können bis ins ausgehende 17. Jahrhundert zurückverfolgt werden. Molière ließ 1664 seine Komödie »Le mariage forcé« (Die erzwungene Heirat) mit einem »Ballet du Roi« abschließen. Er begründet das mit den Worten: »Da nichts so gewöhnlich ist wie eine Heirat und da die Menschen dies so gerne ins Lächerliche kehren, ist es nicht verwunderlich, daß sich die meisten Komödien, genau so wie die Ballette, die ja nichts anderes sind als stumme Komödien, sich dieses Stoffes bedienen. Auch hier hat man in einer Maskenkomödie einen solchen verwendet«. Molière hat etwas später die »Mariage forcé« zusammen mit der »Comtesse von Escabagnas« wieder aufgenommen. Da er sich inzwischen mit Lully entzweit hatte, beauftragte er Marc-André Charpentier mit der Komposition einer neuen Partitur für seine Entrées de ballet. Und nun der Inhalt der bis auf einige liedartige Stellen wortlosen Handlung, die einzig durch Mimik und Tanz ausgedrückt wurde:

»Sganarelle fragt Geronimo um Rat, ob er sich verheiraten solle. Dieser antwortet ihm, das Heiraten sei nicht mehr die Sache eines Fünfzigjährigen. Da Sganarelle den guten Rat, ledig zu bleiben, in den Wind zu schlagen scheint, rät ihm Geronimo wütend zur Heirat. Sganarelles Braut Dorimène erklärt, glücklich zu sein, sich durch die Heirat der Abhängigkeit von ihrem Vater entziehen zu können. Sie ist fest gewillt, ihre Koketterie auch in der Ehe nicht aufzugeben. Sganarelle beklagt sich über eine arge Schwere im Kopf. Er schläft ein und sieht im Traum eine Frau, die ihm ein Lied darüber singt, wie weise er sei, wenn er schon die Ketten der Ehe tragen wolle, solche aus Gold zu wählen. Wenn er schon sterben solle, so solle er in Schönheit sterben. Da nahen die Eifersucht, der Kummer und der Zweifel und umtanzen den schlummernden Sganarelle. Nun erscheinen vier Spaßmacher. Geronimo, der zukünftige Schwager Sganarelles rät, zwei Weise zu befragen. Der eine ist schwatzhaft, der andere plaudert nichtssagendes Zeug zusammen. Sganarelle befragt nun ägyptische Wahrsager, ob er in der Ehe glücklich sein werde. Die Wahrsager machen sich über Sganarelle lustig und einer rät, einen Magier aufzusuchen. Dieser wiederum verweist Sganarelle an vier Dämonen, die ihm raten, sich die Kehle durchzuschneiden. Nun wird trotz allem die Hochzeit gefeiert. Das kleine Handlungsballet schließt wegweisend damit, daß vier Galane Sganarelles Frau Dorimène umschleichen.«

Hier wird zweifellos eine Handlung erzählt durch Tanz und gemimte Passagen. Eine ähnliche Aufführung, die auf das kommende Handlungsballet hinweist, spielte sich im Jahre 1714 anläßlich der durch die Duchesse de Maine auf ihrem Schloss Sceaux veranstalteten Festlichkeiten, den »Grandes Nuits de Sceaux«, als historisches Ereignis ab. Die Tänzerin Prévost und der Tänzer Balon mimten eine Szene aus der Tragödie »Horace« von Pierre Corneille und »verstanden es, die Zuschauer zu fesseln, ja zu Tränen zu rühren.« Auch der englische Tänzer und Choreograph John Weaver (1673-1760) verfaßte mit seinem Werk »The Loves of Mars and Venus — a dramatic Entertainment of Dancing« (1717) zweifellos ein frühes Handlungsballet. Hier darf noch erwähnt werden, daß Weaver der Verfasser der ersten Schrift über Tanzanatomie »Anatomical and Mechanical Lectures upon Dancing« (1712) ist.

Hinzuweisen ist schließlich auch auf das Werk eines Schriftstellers, Louis de Cahusac (1700-1759). In seinem 1754 veröffentlichten Buch »La danse ancienne et moderne, ou traité historique de la danse« setzt er sich für eine verstärkte dramatische Mimik ein, so daß er die Theorien des großen Jean-Georges Noverre vorwegnehmend, unbedenklich zu den Vorbereitern des späteren Handlungsballets gezählt werden darf.

Jean-Georges Noverre ist unter den Choreographen, die für sich in Anspruch nahmen, das Handlungsballet »erfunden« zu haben, bestimmt der bedeutungsvollste und derjenige, der bis zur Gegenwart das Ballett beeinflußt hat. Noverre darf auch als der Begründer der Ballettästhetik bezeichnet werden. Er war Schüler des Tänzers Louis Dupré (1697-1774) und wurde schon sehr früh durch die Reformideen der Tänzerin Sallé beeinflußt. Noverre war ein unsteter Geist, und zahlreiche europäische Städte sahen ihn in seiner Tätigkeit als Tänzer und Choreograph. Für das Ballett in Deutschland war sein längerer Aufenthalt in Stuttgart von Bedeutung. Herzog Karl-Eugen von Württemberg liebte Prunk und theatralische Festlichkeiten und scheute nicht vor übermäßigen Ausgaben für Oper, Schauspiel und Ballett zurück. Sein Hang zur Verschwendung wurde ihm dann auch zum Verhängnis und Noverre, der von 1760 bis 1767 in der Hauptstadt Stuttgart und in Ludwigsburg eine für damalige Verhältnisse sehr große Kompanie von 60 Tänzern leitete, mußte Stuttgart nach siebenjähriger fruchtbarer Arbeit wieder verlassen. Noverre hatte aus Paris einige bedeutende Künstler, so etwa die hochbegabten Dekorateure Boquet und Servandoni und die Tänzer Gaetan Vestris, Dauberval und Charles Le

Louis Boquet (2. Hälfte des 18. Jahrhunderts) — Entwurf für ein chinesisches Ballett von Noverre.

Picq, nach Stuttgart kommen lassen. Die Musik der meisten Ballette Noverres aus der Stuttgarter Zeit stammte vom Italiener Niccolo Jommelli (1714-1774).

Nach seiner Stuttgarter Tätigkeit nahm Noverre eine Berufung an den österreichischen Hof als Ballettmeister der Kaiserin Maria Theresia an. Es sollte später wichtig sein, daß Noverre damals in Wien der jungen Prinzessin Marie-Antoinette, der späteren Königin von Frankreich, Tanzunterricht erteilte. In Wien begegnete Noverre dem großen Reformator der Oper, Christoph Willibald Gluck (1714-1787), mit dem sich bald eine rege Zusammenarbeit abzeichnete. Werke, die Noverre gemeinsam mit Gluck auf die Bühne brachte, sind: Alceste (1761) — Paris und Helena (1770) — Orpheus und Eurydike (1762) — Iphigenie in Aulis (1773 in Paris). Nach einem zweijährigen Aufenthalt in Mailand kehrte Noverre nach Pa-

Folgende Doppelseite:
Marie Allard (1742 — 1802) und »Dauberval«, eigentlich Jean Bercher, (1742 — 1806)
bei einem Pas de deux

ris zurück. Dank der Protektion seiner ehemaligen Schülerin, Königin Marie-Antoinette, erhielt Noverre die Stellung eines Ballettmeisters an der Opéra. Gluck ist in ähnlicher Weise wie Noverre durch Marie-Antoinette gefördert worden. Es handelte sich dabei um ein bewußtes, vom Sinn für die Erneuerung von Oper und Ballett gekennzeichnetes Fördern der beiden Männer.

Nur wenig wissen wir über die Art des Choreographierens von Noverre. Aufzeichnungen fehlen ganz, und wir können Näheres nur seltenen Angaben in seinen Schriften entnehmen. So erklärt er einmal, daß ein Kampf zwischen Nymphen und Satiren choreographisch nicht dadurch dargestellt werden könne, daß sich die beiden Gruppen in Zweier- oder Vierformationen gegenüber stünden. Noverre verlangt, was wir etwa mit »organisiertem Durcheinander« bezeichnen würden. Das Gefühl dominiert szenische Geschehen. Seine tanzenden Figuren werden zu Menschen aus Fleisch und Blut. So mußten sich auch die Themen, die Szenarien seiner Ballette, mit der Zeit ändern. Gestalten der Mythologie und Helden der antiken Welt machten nun, revolutionär wirkend, Menschen der aktuellen Gegenwart Platz.

In »Adele von Ponthieu« (1773) brachte er wohl erstmals in der Geschichte des Balletts ein Ritterstück auf die Bühne, und in »La Rosière de Salency« (Rosenkönigin von Salency) im Jahre 1775 zeigte Noverre ganz gewöhnliche Menschen auf dem Theater. Es geht in diesem Stück darum, daß die von ihrem »Beschützer«, dem Bürgermeister von Salency, zur Rosenkönigin vorgeschlagene junge Dame, nicht mehr, wie das der Brauch heischt, Jungfrau ist. Das Unrecht wird rechtzeitig entdeckt und die wahre Rosenkönigin erhält, statt eines ungeliebten Mannes, denjenigen zum Mann, der ihre Ehre beschützt hat. Eine Ähnlichkeit mit der erst 1789 erstaufgeführten »Fille mal gardée« (Das schlecht behütete Mädchen) ist auffallend.

Ein Werk mit einer Choreographie von Noverre, dessen Musik jedermann kennt, »Les petits riens« (1778) mit der Musik von Wolfgang Amadeus Mozart, bringt noch einmal die verspielte Rokokozeit auf die Ballettbühne.

Die anhaltende Wirkung und Bedeutung von Noverre geht von seinen 1759/ 1760 in einer ersten Auflage erschienenen Briefen, den »Lettres sur la Danse et sur les Ballets« (Briefe über den Tanz und die Ballette) aus. In diesen umschreibt Noverre seine Theorien aufs Genaueste, und er gibt uns einen für die Ästhetik des Balletts überaus wichtigen Überblick über seine Kunst. Es wäre falsch anzunehmen, Noverre sei nur ein großer Theoretiker gewesen. In der vorletzten Ausgabe seiner Briefe, die 1803 in St. Petersburg erschienen ist, zeigt sich Noverre auch als Theaterpraktiker. So forderte er, unter dem Einfluß eines Brandes der Pariser Oper, bei dem zahlreiche Menschen in den Flammen umkamen, Neuerungen in der Konstruktion der Theater. Diese sollten auf freien Plätzen und nicht in einem unzugänglichen Gewirr alter Häuser erbaut werden. Die Türen sollten sich nach auswärts öffnen und nicht nach innen, was immer wieder bei Bränden unnötige Opfer verursache. Schließlich ist auch der Bau eines, Bühne und Zuschauerraum trennenden, eisernen Vorhangs auf eine Anregung Noverre zurückzuführen. 1807 folgte eine etwas umgearbeitete Ausgabe unter dem Titel »Les Lettres sur les Arts Imitateurs en Général et sur la Danse en Particulier« (Briefe über die nachahmenden Künste im

Boquet — Tambour hongrois aus einem Noverre Ballett

allgemeinen und über den Tanz im besondern). Ein neues Zeitalter war angebrochen, die jüngste Ausgabe ist bereits der Kaiserin von Frankreich, Joséphine, der Gattin Napoléons, zugeeignet.

Doch kehren wir zu den beiden andern Choreographen zurück, welche die »Erfindung« des Handlungsballetts für sich beanspruchten. Auch von Franz Anton Christoph Hilverding, auch Helverding oder Hilferding genannt (1710-1768), kennt man nur Lebensdaten und die Namen einiger Werke. Choreographien sind uns wegen des Fehlens einer brauchbaren Tanzschrift nicht erhalten. Das Schwergewicht seines Schaffens liegt in Wien. Kaiserin Maria Theresia hat ihren Ballettmeister jedoch für einige Jahre der Zarin Katharina der Großen ausgeliehen. Entsprechend dem damaligen Zeitgeschmack — Wien war ja einst von den Türken befreit worden — verarbeitete Hilverding auch türkische Themen, ähnlich wie wir diese aus Mozarts »Entführung aus dem Serail« kennen.

Der bedeutendste Schüler von Hilverding war der Italiener Gaspero Angiolini (1731-1803), der bald in einem oft gehässigen schriftlichen Streiten mit Noverre die Urheberschaft am Handlungsballett für sich beanspruchte. Angiolini war zweifellos in seinen Bemühungen um eine Dramatisierung des Balletts stark von seinem Lehrer Hilverding beeinflußt worden. Angiolini wirkte als Nachfolger Hilverdings als Ballettmeister am Zarenhof in Rußland. Er half mit, das russische Ballett zu stärken und auf einen Stand zu bringen, der mit jenem der mitteleuropäischen Städte wohl konkurrieren konnte. Angiolini hatte den Vorzug, eine hervorragende Musikalität zu besitzen. Diese erlaubte es ihm, die Musik zu seinen Balletten weitgehend selber zu komponieren. In seinem bekanntesten Ballett allerdings, in seinem »Don Juan«, das er als tragische Ballettpantomime bezeichnete (1761 uraufgeführt in Wien), sicherte er sich die Mitarbeit von Gluck.

Die drei bedeutenden Choreographen des 18. Jahrhunderts, Noverre, Hilverding und Angiolini sind uns bedauerlicherweise nur von ihren Szenarios, ihren Lebensdaten, und aus ihren Schriften her bekannt. Da ihre Ballette nie aufgeschrieben wurden, tappen wir bei der Absicht, die Werke originalgetreu kennenzulernen, im Dunkeln. Wir sind auf Vermutungen angewiesen.

Choreographen, Tänzerinnen und Tänzer des 18. Jahrhunderts

Außer den bereits im Vorkapitel Genannten hat das Zeitalter des Rokoko und des Klassizismus eine große Zahl bedeutender Tänzerinnen und Tänzer hervorgebracht. Letztere sind in mehreren Fällen auch als Choreographen und Pädagogen hervorgetreten. Jean-Barthélemy Lany (1718-1786) war ein Charaktertänzer, der in der Pariser Oper mit Erfolg auftrat. Er ging dann nach Berlin, wo unter andern die italienische Tänzerin Barberina mit ihm zusammenarbeitete. Er trat auch als Choreograph in verschiedenen Ballettopern von Rameau in Erscheinung. In späteren Jahren war Lany in erster Linie pädagogisch tätig. Zu seinen berühmtesten Schülern zählten Maximilian Gardel und Dauberval, von welchen noch mehr zu berichten sein wird. Lanys Schwester Louise (1733-1777) wurde von Noverre als beste Tänzerin ihrer Zeit gefeiert. Ihr wird die Erfindung des Entrechat six und huit zugeschrieben. Mit der vorerwähnten Barberina, mit vollständigem Namen Barberina Campanini (1721-1799), trat erstmals eine italienische Tänzerin auf den Plan. Nach ihren ersten Erfolgen in Paris ging sie nach Berlin, wo sie bei Friedrich dem Großen in hoher Gunst stand. Nach einem turbulenten Leben errichtete sie im Alter, in den Adelsstand erhoben, eine von ihr selbst verwaltete Stiftung zu Gunsten adeliger Waisen.

Gaetan Vestris (1728-1808) nannte man den »Gott des Tanzens«. Er war Schüler von Dupré und ertanzte sich bald die erste Position als Danseur noble an der Opéra. Er unterhielt mit der berühmten Tänzerin Allard ein Liebesverhältnis. Der dieser Verbindung entstammende Sohn, Auguste Vestris (1760-1842), war ein »demi-caractère comique«, ein komischer Charaktertänzer, der über eine perfekte Technik verfügte. Er tanzte, zum letzten Mal in seinem Leben, mit 74 Jahren zusammen mit der Ballerina Maria Taglioni. August Vestris verbrachte die größte Zeit seines Lebens in Paris, besuchte jedoch auch England und Lyon.

In die Ballettgeschichte eingegangen ist Maximilian Gardel (1741-1787) als er-

Die Rotunda in den Londoner Ranelagh Gardens, einem Treffpunkt der
englischen Rokoko—Ballgesellschaft

Linke Seite: Rosalba Carrieri, »Portrait der Tänzerin Barberina Campanini«
(La Barberina) (1721 — 1799)

ster Tänzer, der 1772 in »Castor und Pollux« von Rameau, im Zeichen der Reformbestrebungen von Noverre, ohne Maske auftrat. Sein Verhältnis zu Noverre war jedoch gespannt und dieser trat im Hinblick auf die von Gardel und Dauberval gesponnenen Intrigen 1781 von der Ballettleitung der Opéra zurück.

Marie Allard (1742-1802) war die Mutter des Tänzers Auguste Vestris (1760-1842). Sie zeichnete sich unter anderem dadurch aus, daß sie selbst ihre Entrées choreographierte. Sie zog sich 1782 »wegen ihrer Leibesfülle«, wie es in einem Bericht heißt, von der Bühne zurück.

Eine große Rolle spielte Marie Madeleine Guimard (1743-1816), jedoch nicht nur wegen ihrer Kunst. Sie zeichnete sich durch zahlreiche Liebschaften und Skandalaffären aus. Ständig balancierte sie zwischen Wohlstand und Geldmangel hin und her. Das hinderte sie nicht, die Armen zu unterstützen und als Wohltäterin aufzutreten. In Pantin bei Paris besaß sie ein fürstliches Zuhause mit Privattheater. Wenn sie zur Vorstellung einlud, blieb die Opéra leer. Königin Marie-Antoinette soll sich nach der gefeierten Tänzerin gekleidet haben.

Es wäre aber falsch, die Guimard nur als leichtlebiges Geschöpf des Rokoko zu sehen. Sie hat auch viel Verständnis für Malerei besessen. Der berühmte klassizistische Maler Jacques-Louis David (1748-1825) soll von ihr entdeckt worden sein, und Jean-Honoré Fragonard (1723-1806) ist durch die Guimard insofern gefördert worden, als sie ihm einen Studienaufenthalt in Rom ermöglichte. Sicher ist, daß Fragonard die Tänzerin mehrfach portraitiert hat. Die Guimard hat viele der Ballette von Noverre durch ihre vielgepriesene Kunst belebt.

Bereits in die Zeit der französischen Revolution fällt das Wirken des Bruders von Maximilian Gardel, Pierre Gardel (1758-1840). Er zeigte in der Wahl seiner choreographierten Stoffe eine deutliche Absicht, von der Antike wegzukommen. Ein 1779 entstandenes Ballett »Mirza« setzte den Ort der Handlung im fernen Louisiana an und läßt Kreolen und Schwarze auftreten. Auch der berühmte Roman von Bernardin de Saint-Pierre »Paul et Virginie« war Thema eines Balletts.

In der Folge der Streitigkeiten an der Opéra in Paris ging der bis dahin dort überaus erfolgreiche Tänzer-Choreograph Dauberval, eigentlich Jean Bercher (1742-1806), im Jahr 1785 mit seiner ebenfalls hervorragend tanzenden Gattin Mademoiselle Théodore (richtiger Name Marie-Madeleine Créspé) (1760-1796) nach Bordeaux. Hier ist beizufügen, daß schon damals, wie auch heute noch, die ersten Tänzerinnen der Pariser Opéra, verheiratet oder nicht, stets mit Mademoiselle angesprochen wurden.

Mademoiselle Théodore muß nicht nur eine Schönheit, sondern auch eine vorzügliche Tänzerin gewesen sein. Sie ging in die Ballettgeschichte als erste Lise in Daubervals berühmten Ballett »La fille mal gardée« (Das schlechtbehütete Mädchen) ein. Hier ist Dauberval ein Meisterstück gelungen. Es wird auch heute noch, wenn auch mit veränderter und neu dazu komponierter Musik und in neuer Choreographie, vielfach gespielt. Wenn »La fille mal gardée« auch nicht das erste Ballett gewesen ist, in welchem Menschen des Alltags auf die Bühne kamen, so ist es doch ein Werk der Vorrevolutionszeit, das die Jahrhunderte überdauert hat. In einer der

Louis Boquet (2. Hälfte des 18. Jahrhunderts), Kostümentwurf für Térèse Vestris (1726 — 1808) aus der berühmten Tänzerfamilie der Vestris. Sie tanzte häufig in den Balletten von Noverre.

Wiederholungsvorstellungen in Bordeaux rief ein begeisterter Zuschauer spontan ein Hoch auf den im Ballett obsiegenden Dritten Stand des Volkes aus und stimmte die Farandole, einen Revolutionsgesang, an. Falsch ist es hingegen eindeutig, Dauberval die Absicht eines solchen Zwischenfalls zuzuschreiben. Die französische Revolution hat auf der Ballettbühne keinen nennenswerten Niederschlag gefunden.

Nicht unerwähnt bleiben soll schließlich noch die Gattin von Pierre Gardel, Melle Miller genannt (1770-1833). Von ihr sagte Noverre, sie sei für den Tanz, was die Venus von Medici für die Bildhauerei sei. Sie muß eine hervorragende Technikerin gewesen sein. Sie war es, welche die Guimard nach ihrem Rückzug von der Bühne in der Opéra ersetzte.

Zwei Männer sind noch zu nennen. Sie haben beide in einem fremden Land ihre Kunst durchzusetzen vermocht und eine nationale Schule aufgebaut: Vincenzo Galeotti (1733-1816), in Florenz geboren, wirkte als Tänzer in London und Venedig. Sein wichtiger Verdienst aber ist, den Grundstein für das dänische Ballett gelegt zu haben.

Charles-Louis Didelot (1767-1837), ein Schüler von Auguste Vestris, wirkte zuerst in Paris, London und Lyon. Ab 1801 begab sich Didelot an den Zarenhof. Dort hat er zur regen Ballettätigkeit Russlands beigetragen. Sein bedeutendstes Ballett ist das bereits 1796 in London herausgebrachte »Zéphir et Flore«. Didelot ist der Begründer des sogenannten »style volant« (Fliegender Stil), bei welchem die Tänzer mittels eines an der Taille befestigten Hakens und einem Seil zur Vortäuschung des Fliegens über die Bühne gezogen wurden. Didelot nimmt so ein durchaus romantisches Stilmerkmal vorweg.

Einer der erfolgreichsten Schüler von Noverre war zweifellos Charles Le Picq (1744-1806). Außer in Paris trat er in Stuttgart und London auf, und während eines 12-jährigen Aufenthalts in St. Petersburg vermochte er dem russischen Ballett durch Aufführung eigener Ballette und solche seiner französischen Tänzer- und Choreographenkollegen neue Impulse zu verleihen.

Die erste namhafte Tänzerin deutscher Nationalität war Anna Friederike Heinel (1753-1808). Sie war aus Bayreuth gebürtig, und verheiratet mit mit dem Tänzer Gaetan Vestris. Ihr Auftreten in Stuttgart und Wien unter Noverre ist umstritten, hingegen weiß man, daß sie ab 1768 in Paris tanzte. Sie hat sich besonders als tanzende Tragödin ausgezeichnet.

Die ersten Jahrzehnte des 19. Jahrhunderts

Das Revolutionsgeschehen in Frankreich war der Weiterentwicklung des Balletts nicht förderlich. Es verlagerte sich darum nach England, Rußland und besonders nach Italien. Mailand vermochte bald Paris als Stadt des Balletts zu verdrängen. Eine überaus wichtige Rolle spielte auch Wien, das als Musikstadt ohnehin im Mittelpunkt des künstlerischen Geschehens stand. Wichtigste Persönlichkeit war Salvatore Viganò (1769-1821), ein geborener Neapolitaner. Stationen seines Lebens waren zuerst Rom und auch spanische Städte, wo er seine Gattin Maria Medina, eine vortreffliche Tänzerin, kennenlernte. Bekannt geworden ist Viganò besonders dadurch, daß er 1801 zusammen mit Ludwig van Beethoven das Ballett »Die Geschöpfe des Prometheus« herausbrachte. Wir kennen die Musik, nicht aber die Handlung und die Choreographie, die später immer wieder, aber eher glücklos, nachgeschaffen worden sind. Das Haupttätigkeitsfeld Viganòs aber war Mailand, wo er ab 1803 als Ballettdirektor der Scala seine »Choreodramen« schuf. Viganò war einer der ersten Choreographen, der sich an die Dramen von Shakespeare heranwagte. Als erstes Shakespeare-Ballett gilt »Antonius und Kleopatra«, Choreographie von Noverre aus dem Jahre 1761. In Alessandro Sanguirico hatte Viganò einen Ausstatter verpflichtet, der seinem hochdramatischen Stil entsprach. Viganò war in erster Linie ein Balletterzieher. Er konnte stundenlang proben, bis jede Geste seinen Vorstellungen entsprach. Er, ein Neffe des Komponisten Luigi Boccherini (1745-1805), verfügte über eine umfassende musikalische Bildung. Diese erlaubte es ihm, die Musik für seine Ballette selbst zu arrangieren und, wenn nötig, durch eigene Kompositionen zu ergänzen.

Der französische Dichter Stendhal (eigentlich Henri Beyle — 1783-1842) zeichnete in seinen Reiseberichten aus Italien eindrückliche Bilder vom Theaterleben Mailands jener Jahre. Ein Abendprogramm bestand nicht aus nur einem Werk, Oper oder Ballett. Meist folgte auf einen Akt einer Oper ein Teilstück eines Bal-

»Die Zerstörung von Pompeji«, Ballett von Salvatore Viganò, Bühnenbild von Alessandro Sanguirico, Anfang des 19. Jahrhunderts.

letts, gefolgt wiederum von einem Akt einer Oper. Das gesellschaftliche Ereignis war wichtiger als das Theater selbst. Man besuchte sich gegenseitig in den Logen, man plauderte, Speisen wurden gereicht, Kartenspiele dienten der Unterhaltung.

Einzig beim Auftreten eines berühmten singenden oder tanzenden Stars erhob sich das Publikum, um seinen Lieblingen zuzujubeln.

Neben Viganò war in Mailand auch der Tänzer-Choreograph Gaetano Gioia (1768-1826) tätig. Er darf zu den engen Mitarbeitern Viganòs gerechnet werden und er hat viel zur Blüte des Balletts im damaligen Italien beigetragen.

Italien hat im 19. Jahrhundert eine erstaunlich große Zahl von Tänzern und Tänzerinnen herausgebracht, die fast alle direkt oder indirekt, wiederum von Schülern von Carlo Blasis (1795-1878) geschult worden waren. Blasis ist der Begründer der heutigen Ballettpädagogik: Seine beiden Bücher »Traité élémentaire, théoretique et pratique de l'art de la Danse« (Theoretisches und praktisches Elementarlehrbuch des Tanzens), erschienen 1820 in Mailand und »Code of Terpsichore«, London 1828, gehören auch heute noch zu den lesenswerten Bücher über Tanztechnik, aber auch über praktische, allgemeine und ästhetische Fragen um Tanz und Ballett. Blasis, in seinen letzten Jahren Direktor der Mailänder Ballettakademie, war der Vater der italienischen Ballettpädagogik, der die Welt des Balletts eine lange Reihe großer Tänzer und Pädagogen zu verdanken hat.

Die Ballette der Romantik bevorzugten Themen, in denen Zauberwesen, und Luftgeister vorkamen, was natürlich auch die Art des Tanzens beeinflußte. Der Wunsch zu schweben hat zweifellos bei den Damen zum Spitzentanz geführt. Seine Urspünge sind unklar und Versuche, ihn schon im Zeitalter des Barock anzusiedeln, stehen auf schwachen Füßen. So hat zwar tatsächlich ein Stecher eine Szene des 1661 aufgeführten Balletts »Der Garten der Venus« (siehe Abb. auf Seite 32) mit einem Engel auf der Spitze stehend abgebildet. Es muß aber vermutet werden, daß es sich hier um einen Wunschtraum oder ganz einfach um einen Fehler des Stechers gehandelt hat. Auch bei Blasis findet man die Bemerkung »sur la pointe« (auf der Spitze). Die zu diesen Worten gehörenden Bilder zeigen aber eindeutig Tänzerinnen auf der halben Spitze. Der Spitzentanz ist nicht, wie oft behauptet, von der romantischen Ballerina (Maria Taglioni 1804-1884) »erfunden« worden. Sie war jedoch die erste, die den Tanz auf der Spitze systematisch gepflegt und weiterentwickelt hat. Die »Erfindung« des Spitzentanzes nehmen mehrere Tänzerinnen für sich in Anspruch. So etwa Geneviève Gosselin (1791-1818), die Italienerin Amalia Brugnoli (um 1800-1832) und die Russin Awdotja Istomina (1799-1848). Wer die damals von den romantischen Ballerinen angeblich für den Spitzentanz getragenen Schläppchen betrachtet, dem muß klar werden, daß Passagen auf den Spitzen gar nicht möglich gewesen wären. Es muß sich vielmehr um ein sich Erheben gehandelt haben. Der Spitzentanz ist erst im Verlauf der Zeit, parallel zur Entwicklung der Ballettschuhe, zu dem geworden, was er heute ist.

Die Romantik

Für das Ballett ist die Romantik in erster Linie in Frankreich von Bedeutung gewesen. In diesem Land sind die großen auch heute noch viel gespielten Meisterwerke des romantischen Balletts entstanden.

Die Romantik, mit ihren bald übersteigert leidenschaftlichen, bald verträumt poetischen Zügen ist hingegen eine gesamteuropäische Epoche der Kultur. So spielt »La Sylphide« im schottischen Hochland, während sich die Handlung der »Giselle« am deutschen Rhein abspielt. Letzteres Werk geht auf den Deutschen Heinrich Heine zurück, wurde vom Franzosen Theophil Gautier gestaltet, von der Italienerin Carlotta erstmals getanzt, und die Musik ist dem Elsässer Adolphe Adam zu verdanken. Die mythologischen Gestalten der Antike schienen von den übersinnlichen Geistern endgültig verdrängt.

Die Sehnsucht des Menschen, es fliegend den Vögeln, und in der Romantik, den Luftgeistern gleichzutun, darf als geistige Grundlage des Spitzentanzes bezeichnet werden. Schwebende Wesen sind es denn auch, die dem Ballett der Romantik zu seiner Größe verholfen haben. Die Frauen begannen im Ballett über die, nur noch nützliche Nebenrollen verkörpernden Männer, zu siegen. Das »ewig Weibliche« dominierte und drängte den Mann zur Seite. Das Heroische hatte dem märchenhaft Zarten und Verträumten zu weichen und der Ballerino wurde zum »dritten Bein der Ballerina« erniedrigt. Schwärmerische Verehrung der romantischen Ballerinen ließ das Ballett in den Mittelpunkt des künstlerischen Lebens rücken und diese Stellung ging ihm erst verloren, als das beginnende industrielle Zeitalter mit seinen weitgehenden sozialen Umschichtungen und Veränderungen das Ballett schwerwiegenden Degenerationserscheinungen aussetzte.

Romantisches Ballett

Träume, der Sehnsüchte und der Empfindsamkeiten der Menschen in der Romantik bewirken im Ballett eine endgültige Abkehr von den mythologischen Gestalten der Antike. Die Romantik verbannt auch die idyllische Welt der Schäferinnen und der Schäfer von der Bühne. Die Welt der Sylphides, der Luftgeister, der Wilisen und allerlei fliegender und kriechender Tiere beherrscht nun das Ballett. Ganz neu sind diese typisch romantischen Wesen im Ballett freilich nicht. Schon 1753 ließ die Marquise de Pompadour, die Favoritin König Ludwig XV., in ihrem Privattheater des Schlosses Bellevue bei Medon ein »Ballett« genanntes Bühnenwerk »Zélindor, Roi des Sylphes« aufführen, wobei sie selbst die Travestierolle des Sylphenkönigs Zélindor sprach. Dem Szenario nach zu schließen, war ihre Rolle eine Sprechrolle. Ob sie dazu auch noch getanzt hat, ist ungewiß.

Der für das Ballett so wichtige Essayist, Schriftsteller und Journalist Théophil Gautier (1811-1872) stellte fest, daß die Pariser Oper nun den Gnomen, Undinen, Salamander, Elfen, Nixen, Willisen und Peris (orientalische Feen) und der ganzen wunderbaren Welt ausgeliefert sei, welche die Fantasie der Ballettmeister so beflügle. Die Tempel der Antike auf der Bühne wichen mondbeschienenen Wäldern und Tälern, und die Tunika griechischen Stils der Tänzerinnen machte dem Mieder Platz. Die Perücken verschwanden, und die Tänzerinnen scheitelten ihr Haar in der Mitte, die Haare zu einem Knoten zusammengebunden.

Ein wichtiges Datum in der Geschichte des Balletts ist der 21. November des Jahres 1831. Die bereits früher erfolgreiche Tänzerin Maria Taglioni (1804 — 1884), Tochter einer Schwedin und des italienischen Choreographen Filippo Taglioni (1777-1871) wurde in der Pariser Erstaufführung der Oper »Robert der Teufel« des Komponisten Giaccomo Meyerbeer in der Rolle einer Äbtissin eingesetzt. Diese stieg im Gefolge ihrer Nonnen um Mitternacht bei Mondenschein aus ihrem Grab im Kreuzgang eines zerfallenen Klosters auf, um den Titelhelden der Oper zu

Eine dem Namen nach unbekannte Tänzerin der Romantik, auf halber Spitze tanzend. Das in der Mitte gescheitelte Haar und das eng anliegende Mieder sind Merkmale der Ballerinen jener Zeit.

In Meyerbeers Oper »Robert, der Teufel« (1831) erhob sich Maria Taglioni erstmals für längere Zeit auf die Spitzen

verführen. In dieser Szene soll sich die Taglioni erstmals mehr als nur flüchtig auf die Spitzen erhoben und so den eigentlichen Beginn des Spitzentanzes gekennzeichnet haben. Maria Taglioni ist, das hält bis heute an, zum Inbegriff der romantischen Ballerina geworden. Das zarte, zerbrechliche Wesen, das flüchtig über die Ballettbühne huschte, verstand es bald, die Welt des Balletts völlig zu verändern. Maria Taglioni war in aller erster Linie von ihrem Vater geschult und künstlerisch gefördert worden. Sie begleitete ihn Ende der Zwanzigerjahre nach München und Stuttgart und trat etwas später erstmals in Paris auf. Die Erstaufführung des Balletts »La Sylphide« in der Choreographie ihres Vaters Filippo Taglioni im Jahre 1832 an der Pariser Oper war ein Sensationserfolg. Ihr vergeistigtes und der Romantik in ungewöhnlicher Art eigenes Tanzen ist zu einem Stilbegriff geworden, der bis heute anhält. Die Musik zur »Sylphide« schrieb für die Pariser Aufführung Jean-Madeleine Schneitzhoeffer. Die Partitur wurde später in Kopenhagen durch eine des dänischen Komponisten Hermann Severin Løvenskjold ersetzt. Mit dieser Musik und in einer Choreographie von August Bournonville wird das Werk auch heute noch meist wiedergegeben, obschon die Musik kaum besser ist als das Original von Schneitzhoeffer. Die Bühne der Pariser Oper wurde anläßlich der Erstaufführung vom Dekorateur Ciceri ausgestattet. Seine Bilder und Kostüme entsprachen voll den Anforderungen der Romantik. Partner der Taglioni war der junge Joseph Mazillier (1801-1868), der später als Tänzer, besonders aber als Choreograph, noch eine bedeutende Rolle spielen sollte. »La Sylphide« wurde in der Folge auf allen Bühnen von Bedeutung wiedergegeben. In der Hauptrolle aber wollte man die rasch berühmt gewordene Taglioni, die romantische Ballerina, sehen. Weitere große Rollen und Erfolge der Taglioni waren in den Balletten »Nathalie ou la Laitière suisse« (Nathalie oder das Schweizer Milchmädchen, 1832), »La fille du Danube« (Tochter der Donau, 1836) und andere mehr, die aus den Ballettspielplänen bald wieder verschwanden. 1860 trat die Taglioni auch als Choreographin in dem für ihre Lieblingsschülerin Emma Livry gestalteten Ballett »Le Papillon« mit der Musik von Jacques Offenbach hervor. Sie wirkte auch als Inspektorin des Balletts an der Pariser Oper. Der deutsch-französische Krieg 1870/71 beraubte die Tänzerin ihres beträchtlichen Vermögens, und sie mußte sich in England mühsam als Lehrerin für Gesellschaftstanz durchschlagen. Sie starb 80jährig in Marseille.

Mit der Wienerin Fanny (eigentlich Franziska) Elssler (1810-1884) trat eine weitere der großen Ballerinen der Romantik ins Rampenlicht. Sie wurde bald zu einer echten Rivalin der Taglioni. Eine Rivalität ist umso erstaunlicher, als die beiden Tänzerinnen sehr unterschiedliche Stile des Tanzens, auch des Aussehens, verkörperten. Der österreichische Dichter Franz Grillparzer (1791-1872) schrieb in einem Reisebericht über die Elssler »endlich habe ich die beiden Schwestern Elssler (Fanny und ihre um 2 Jahre ältere Schwester Therese), um derentwillen ich eigentlich ins Theater gegangen bin, gesehen. Therese, ein tanzender Strassburger Münsterturm oder St. Stephansturm, konnte hier (gemeint ist Paris) so wenig gefallen als in Wien, obschon sie bewundernswürdige Sachen macht und so viel Grazie hat, als es die Umstände erlauben. Fanny, bei weitem niedlicher als sie, scheint sich im Tanz sehr gebessert zu haben. Auch Fanny hat nicht das Ätherische, Luftige, das mir den Tanz allein zum Genuß macht. Ein tanzender Körper mit Begierde statt Seele und Leidenschaft. Die Füße mehr Kraft als Elastizität, Arme und Beine aber oft wirklich graziös. Die Büste ohne Geschmeidigkeit. Das Ganze sich zum Derben hin neigend. Vielleicht zeigt nichts mehr den Verfall der schönen Tanzkunst in Paris als der ungeheure Beifall, den ich übrigens meinen Landsmänninnen von Herzen gönne« (leicht gekürzt).

Fanny Elssler hat die meisten Rollen des damaligen Ballerinen-Repertoires getanzt. Den größten Erfolg trug sie wahrscheinlich in den Vereinigten Staaten davon, ein Land, in dem das Ballett eine damals noch kaum bekannte Kunst war. Die größten Triumphe feierte die Tänzerin 1836 in der »Cachucha«, Einlage im Ballett »Le Diable boiteux« (Der hinkende Teufel), Musik von Casimir Gide, Choreographie von Jean Coralli, von dem später noch mehr zu erfahren sein wird. Auch im Ballett

Fanny Elssler.

Fannytismus.

Pas de quatre, aufgeführt zu Ehren des Fräuleins Fanny Elsler von: Bruder Jonathan. John Bull, Robert Macaire, dem deutschen Michel und dem Corps de ballet.

Die Popularität, deren sich die großen Tänzerinnen erfreuten, zeigte sich auch in zahlreichen Karikaturen. Hier Fanny Elssler als Denkmal, umtanzt von ihren Verehrern vieler Länder.

»La Gipsy« (Die Zigeunerin), 1839, Musik verschiedener heute kaum mehr bekannter Komponisten, Choreographie von Joseph Mazilier, wiederholte sich der Erfolg, diesmal mit einer »Cracovienne«.

Der stets mit überschwenglichen Worten fechtende Théophil Gautier deckt die Unterschiedlichkeit der Taglioni und der Fanny Elssler wie folgt auf:

Maria Taglioni: »Wenn sie sich durch einen vorwärts strebenden Sprung bewegt, so scheint sie in der Luft aufgehängt zu sein, um schwebend dann wieder niederzusinken. Die gleich Stoßfedern wirkenden Knie werfen sie dabei gleichermaßen nach oben zurück. Die Elastizität ihrer Knie und besonders ihrer Fußgelenke scheint die Wirkung der Schwerkraft aufzufangen, so daß sie völlig lautlos niederspringt.« Und weiterhin: «Mlle. Taglioni ist eine christliche Tänzerin, wenn es statthaft ist, diesen Ausdruck auf eine Kunst anzuwenden, die von der katholischen Kirche nicht anerkannt wird. Sie schwebt wie ein Geist inmitten der Durchsichtigkeit ihres weißen Musselins, mit dem sie sich zu umgeben liebt; sie ist einem seeligen Schatten zu vergleichen: unter den Spitzen ihrer rosigen Füße neigen sich die Gewinde der himmlischen Blumen kaum«.

Doch nun Gautiers typisch romantisch Würdigung der Fanny Elssler: »Sie ist eine ganz heidnische Tänzerin. Sie erinnert an die Muse Terpsichore mit ihrem Cymbal, mit ihrer Tunika, das Gewand bis an die Hüfte geschlitzt, mit einer goldenen Fibel gerafft. Wenn sie die Hüfte kühn vorbeugt, ihre trunkenen, in Wollust ersterbenden Arme zurückwirft, so glaubt man, man habe eine dieser wundervollen Figuren aus Herculanum und Pompeji vor sich.«

Doch bald sollte der Ruhm der beiden Tänzerinnen verblassen gegenüber einem neu aufkommenden Stern am Pariser Ballettfirmament, der Italienerin Carlotta Grisi (1819-1899).

Gautier schrieb über die Grisi, wenn man sie tanzen sehe, so vergesse man, daß die Taglioni in Rußland und die Elssler in Amerika sei. Gautier, der mit der Schwester Carlottas verheiratet war, empfand zu der von ihm vergötterten Tänzerin eine

Adolphe Charles Adam (1803 — 1856), der Komponist der »Giselle«. Zeitgenössische Lithographie.

tiefe, doch platonische Liebe. Carlotta Grisi steht im Mittelpunkt der Ballettgeschichte der ersten Hälfte des 19. Jahrhunderts wegen ihrer Verkörperung der Rolle der Giselle. Bedeutsam war auch, daß sie, wie die meisten heutigen Tänzerinnen, in gewissem Sinn eine Synthese zwischen der lyrischen Taglioni und der dramatischen Elssler darstellte. Sie besaß zweifellos eine umfassende Begabung und hat bestimmt ebenso wie ihre Rivalinnen Taglioni und Elssler den Begriff der Ballerina geprägt. Die geborene Italienerin fiel schon in sehr jungen Jahren in der Schule der Scala in Mailand durch ihr außergewöhnliches Talent auf. Schicksalsschwer war 1834 in Neapel ihre Begegnung mit dem französischen Tänzer und Choreographen Jules Perrot (1810-1892). Er war es, der die Tänzerin formte und der ihr zu ihrer Traumrolle der »Giselle« 1841 in Paris verhalf. Eine lebenslange Verbindung vereinte die beiden. »Giselle« verdankt ihr Entstehen einer vom deutschen Dichter Heinrich Heine (1797-1856) verfaßten Geschichte, zu der er in seinem Buch »Zur Geschichte der neueren deutschen Literatur« (1833) inspiriert wurde. Verfasser des Szenarios waren ein gewisser Vernoy Saint-Georges, Théophil Gautier und der Choreograph Jean Coralli. Dieser zeichnete jedoch nicht allein für die Choreographie. Die Variationen der Giselle stammen von Perrot. Die Musik schrieb größtenteils Adolph Adam (1803-1856), dem mit seiner Partitur ein Meisterwerk der Einfühlung in den romantischen Stoff gelang. Bei der späteren Wiedergabe der »Giselle« sind auch Einschübe der Komponisten Burgmüller und Drigo hinzugefügt worden.

Die Rolle der Giselle verlangt von der tanzenden Darstellerin recht viel. Sie muß sich vom einfachen Bauernmädchen zur Wahnsinnigen steigern. Im zweiten Akt muß sie überirdische Leichtigkeit und ein Traumwesen aus einer anderen Welt darbieten. Es gibt nur wenige Ballerinen, die den beiden Akten der Giselle auf der ganzen Linie gerecht werden.

Auch die Rolle der Myrtha, die so unerbittliche und abweisende, kalte Königin der Wilisen, sieht man erstaunlicherweise nicht immer so, wie sie sich die Autoren des Werks wohl einst vorgestellt haben. Etwas einfacher, tänzerisch außer bei der grandiosen Variation des zweiten Aktes etwas anspruchslos, ist die Rolle des Prinzen Albert. Nicht gering sind die Anforderungen, die an tänzerischer Präzision und

*Szenenbild des 1. Aktes der »Giselle« mit Carlotta Grisi (Giselle) und
Lucieb Petipa (Albrecht), 1841.*

einfühlendem Stilvermögen von den Wilisen verlangt werden. Giselle gehört auch heute noch zu den meist gegebenen Handlungsballetten aller Zeiten. Eine wirklich vollendet schöne Aufführung zu erleben, ist trotzdem nicht alltäglich.

Sehen wir heute, choreographisch betrachtet, eine Giselle, die mit derjenigen des Jahres 1841 noch viel Gemeinsames aufweist? Da viele Jahrzehnte lang die Originalchoreographie von Choreograph zu Choreograph weitergegeben wurde, muß das bezweifelt werden. So schreiben denn die heutigen Ballettmeister meist in ihr Programm »Choreographie nach Coralli und Perrot«.

Lassen wir noch einmal Gautier über die Grisi zu Wort kommen: »Man muß an eine sich eben öffnende Teerose denken ... obschon sie zart und leicht wirkt, ist sie nicht von jener anatomischen Magerkeit, in welcher oft Tänzerinnen Rennpferden ähneln, die nichts mehr als Knochen und Muskeln aufweisen ... diese Rolle (Giselle) ist wohl in Zukunft jeder Tänzerin vorgehalten zu tanzen, und der Name Carlotta wird unzertrennlich mit der Giselle verbunden bleiben.«

Die Rolle des Prinzen Albert tanzte in der Erstaufführung Lucien Petipa, der etwas ältere Bruder von Marius Petipa, der in der Geschichte des Balletts bald eine überragende Rolle spielen sollte. Große Rollen der Grisi waren auch

Zwei choreographisch ähnliche Szenen, die eine eine exotische Volkstanzgruppe, die andere das Ensemble der Freundinnen aus »Giselle«

La Jolie fille de Gand (Schönes Mädchen von Gent) 1842
La Peri 1843 (Libretto wiederum von Gautier)
Esmeralda 1844 (nach Victor Hugos »Glöckner von Notre-Dame«, erste
Aufführung in London).

Hervorgetreten ist die Grisi auch in einem berühmt gewordenen »Pas de quatre«, den Perrot für sie, Maria Taglioni, Fanny Cerrito und Lucile Grahn 1845 in London choreographierte.

Wenn man die damals noch beschwerlichen Reiseverhältnisse in Betracht zieht, so ist es erstaunlich, wie die großen romantischen Ballerinen in ganz Europa, die Elssler sogar in Amerika, herumgereist sind und von Erfolg zu Erfolg tanzten. Eines der wichtigsten Reiseziele war, neben London, das Marinsky Theater (das heutige Kirow Theater) in St. Petersburg, jetzt Leningrad, und Moskau.

Nur um wenig jünger waren drei weitere Ballerinen, die dem romantischen Ballett ihren Stempel aufzudrücken vermochten: Fanny Cerrito (1817-1909), Lucile Grahn (1819-1907) und Carolina Rosati (1826-1905). Erstaunlich ist, daß die Bal-

Der Aufzug des Herzogs von Kurland in »Giselle« (1841)

Rechte Seite:
Ein »Domino« aus dem Ballett »Der hinkende Teufel« — 1836 — in dem Fanny Elssler
ihre rasch berühmt gewordene »Cachucha« tanzte.

lerinen der Romantik alle ein weit überdurchschnittliches Alter erreichten. Die Taglioni, die Elssler, Grisi, Grahn und Rosati wurden weit über 80 Jahre alt. Das erstaunt umso mehr, als die Menschen um 1850 im Schnitt mit 45 Jahren starben. Auch die exilrussischen Zarenballerinen Karsavina, Preobrajenska und Kschessinskaja starben in einem Durchschnittsalter von 95 Jahren ... Tanzen muß gesund sein! Fanny Cerrito, aus Neapel stammend, zuerst von Carlo Blasis in der Schule der Scala in Mailand, später von Jules Perrot ausgebildet, trat in fast allen europäischen Hauptstädten mit ungeheurem Erfolg auf. Zeitgenössische Kritiker sagten ihr zwar nicht immer makellose Technik nach. Sie muß aber trotzdem eine brilliante Tänzerin mit einer ungewöhnlichen Anziehungskraft und einer starken erotischen Ausstrahlung gewesen sein. Es ist der Bühnenboden beim Applaus nicht nur mit den teuersten Blumen, sondern mit Geldbörsen, Ringen und andern Schmuckstükken übersät gewesen!

Die bedeutendsten von der Cerrito kreierten Rollen stammen aus den Balletten:
Alma ou la Fille de feu (Alma oder das Feuermädchen, 1842)
Die Choreographie zu diesem Ballett stammt in Zusammenarbeit mit Jules
Perrot von der Ballerina selbst.
La Vivandière (Marketenderin) London 1844
Zusammen mit der Taglioni und der Grahn tanzte Fanny Cerrito in einer Choreographie von Perrot einen »Pas des Déesses« (Tanz der Göttinnen). Wie der vorerwähnte Pas de quatre ist auch dieser Pas de trois gelegentlich wieder auf die Bühne gebracht worden.

Carolina Rosati, aus Bologna gebürtig, war ebenfalls eine Schülerin des berühmten Mailänder Lehrers Blasis. Über London kam sie 1853 nach Paris und feierte 1856 in »Le Corsaire« und 1857 in »Marco Spada«, beide Ballette in der Choreographie von Joseph Mazilier (1801-1868), Erfolge; die Musik des erstgenannten Balletts stammte vom Komponisten der »Giselle«, Adolph Adam, das andere vom bekannten französischen Opernkomponisten Daniel-François Auber, Verfasser der bekannten Oper »Fra Diavolo«. Lucile Grahn, die Dänin, wurde in Kopenhagen vom berühmten französischen Ballettmeister und Choreographen August Bournonville geschult. Sie überwarf sich jedoch mit ihm und kam, nach einem Umweg über Hamburg, nach Paris. Ihre besten Rollen waren die auch von der Elssler nachgetanzte »Giselle« und die »Esmeralda«. Lucile Grahn trat häufig in Deutschland auf. Sie siedelte schließlich nach München über, wo sie, wie zuvor in Leipzig, in späteren Jahren auch choreographisch tätig war. In München wurde sogar in der Nähe des Prinzregenten-Theaters eine Straße nach der Grahn benannt.

Geht man die Annalen des Balletts im damaligen Deutschland durch, so stößt man immer wieder auf Gastspiele der großen romantischen Ballerinen. Berlin, Hamburg, München und Leipzig, dazu Wien, waren beliebte Gastspielorte. Wenn man bedenkt, daß Heinrich Heine einmal erklärt hat, die Elssler würde sich im Haufen der Gruppentänzerinnen der Pariser Oper ausmachen »wie eine Apfelsine in einem Haufen von Kartoffeln«, so darf man sich fragen, wie wohl an den Theatern in den erwähnten Städten getanzt wurde. Die Ballerinen italienischer, französi-

Alexandre Dumas der Ältere (1802 — 1870), der Autor des berühmten Romans »Der Graf von Monte Christo«, war ein großer Verehrer der spanischen Tänzerin Petra Camara. Er schrieb in seinem Enthusiasmus: »Sie ist der bewundernswerteste Kolibri zwischen Ceylon und Cachmir. Sie ist der schillerndste Paradiesvogel, den es zwischen Bombay und Chandernagor gibt. So etwas wie ihre Augen, wie ihre Füße, habe ich nie gesehen. Im Vergleich zu diesen Augen sieht man die Sterne nur wie durch einen Schleier und die Karfunkel wirken matt, die Diamanten sind bleich.«

scher oder dänischer Herkunft vermochten kaum, Deutschland durch ihre Gastspiele zu einem Ballettland zu machen. Gegenüber London, St. Petersburg, Mailand und Paris verharrte es das ganze 19. Jahrhundert hindurch in jenem Dornrös-
chenschlaf, aus dem es erst die letzten 30 Jahre unseres Jahrhunderts langsam auf-
wachte.

Die Geschichte des Balletts ist dadurch gekennzeichnet, daß die bevorzugte Stellung der Tänzerinnen oder der Tänzer sich gegenseitig ablösten. Auf die Ballerinen
an der Grenzscheide zwischen Barock und Rokoko, Sallé und Camargo, folgten im
Rokoko, ohne daß die Ballerinen freilich gänzlich im Unbedeutenden zurückge-
blieben wären, das Zeitalter eines Gardel und der beiden Vestris. Das 19. Jahrhundert wiederum gehörte den Ballerinen, während die Tänzer eher »das dritte Bein«
der Tänzerinnen waren. Im 20. Jahrhundert, ohne die Bedeutung vieler bekannter
Tänzerinnen zu leugnen, hat der Männertanz dank eines Nijinsky und, in neuerer
Zeit, dank Eric Brun, Bariyschnikov, Nurejew, Wassilijew und andern, wieder an
Bedeutung gewonnen. Theophil Gautier, der wegen seiner großen Bedeutung für
das romantische Ballett immer wieder zitiert werden muß, hat sich ausgesprochen
negativ über die tanzenden Männer geäußert. Er hat sogar einmal vorgeschlagen,
man solle für jeden Mann an der Oper in Paris zwei Tänzerinnen verpflichten. Tanzende Männer möge er nun einmal, da sie unnatürlich wirkten, nicht leiden. Ob diese Ansicht mitschuldig war, daß die meisten Tänzer des 19. Jahrhunderts früher
oder später sich der Choreographie zuwandten? Der bedeutendste Tänzer-Choreograph war zweifellos Jules Perrot, den wir im Zusammenhang mit der Grisi
schon mehrfach erwähnten. Wiederum soll Gautier, der zuverlässigste und beste
Zeuge jener Zeit, erwähnt werden: »Perrot ist nicht gut aussehend, er ist sogar ausgesprochen häßlich; bis zum Gürtel hat er die Figur eines Tenors und das sagt alles,
aber vom Gürtel abwärts ist er charmant ... er hat in keinem Fall jenes fade und süß-
liche Aussehen, das die tanzenden Männer so unausstehlich macht... Perrot, der
Sylphe, der männliche Taglioni!« Von 1851 bis 1859 hatte Perrot in St. Petersburg
die Stellung eines Ballettmeisters und Choreographen inne; er ebnete dem ihm später folgenden Marius Petipa den Weg für seine für das Ballett so wichtige Mission
am Zarenhof.

Jean Coralli (1779-1854) ist der Autor verschiedener Ballette, die er, bevor er
nach Paris kam, in Wien, Mailand und im sehr ballettaktiven Lissabon herausbrachte. Ausser »Giselle« ist von ihm aus seiner Pariser Zeit zu nennen: »Le Diable
boiteux« (Der hinkende Teufel) mit der durch die Elssler berühmt gewordenen Cachucha (1836), »La Tarentule« (1839) und »La Péri« (1843).

Joseph Mazilier (1801-1868) erzielte in »Le Diable à quatre« (Der Teufel zu
viert 1845), »Paquita« (1846) und »Le Corsaire« (1856) und »Marco-Spada«
(1857) große Erfolge. »Paquita« und »Le Corsaire« sind allerdings erst dank choreographischer Neufassungen durch Marius Petipa in St. Petersburg wirklich so be-

*Rechte Seite: Pas de deux, angeblich aus einer Aufführung einer Oper »Faust« des
Komponisten Niccolo Piccini (1728 — 1800), vermutlich um 1850.*

kannt geworden, daß sie auch heute noch gelegentlich in den Ballettspielplänen, wenn auch nur bruchstückweise, erscheinen.

Arthur Saint-Léon (1821-1870) war insofern eine Ausnahmeerscheinung, als er außer Tänzer und Choreograph ein überaus begabter Geiger und Komponist war. Er bereiste halb Europa und trat dabei häufig auch als Violinist in Erscheinung. Ein Höhepunkt seiner Karriere war sein Auftreten als tanzender Geiger im Ballett »Le Violon du Diable« (1849, zuerst »Tartini le Violinist« genannt). Weitere damals bekannte Ballette waren »La Vivandière« (Marketenderin, 1843), »La Fille de Marbre« (Das Marmormädchen, 1847). Saint-Léon, der einige Zeit mit der Ballerina Fanny Cerrito verheiratet war, siedelte später nach Rußland über, wo er unter anderm »Das bucklige Pferdchen« (1864) auf die Bühne brachte, ein Werk, das später vom Bolshoi-Theater wieder aufgenommen wurde. Am bekanntesten ist Saint-Léon zweifellos durch die beiden Delibes-Ballette »Coppélia« (1870) und auch »La Source« (1866) geworden. Von der »Coppélia«, wird noch eingehender geschrieben werden. Auf der Suche nach einer schreib- und wieder lesbaren Tanznotation hat auch Saint-Léon einen, ebenfalls nicht besonders geglückten Beitrag, »Sténochorégraphie oder die Kunst den Tanz sofort aufschreiben zu können«, geleistet.

Louis Mérante (1828-1887) wirkte hauptsächlich, nach Tätigkeit in Belgien und Marseille, in Paris als Tänzer und Choreograph. Am bekanntesten ist er als Choreograph des Balletts »Sylvia« (1876) mit der Musik von Delibes geworden.

Doch zurück zu Coppélia: der Welterfolg dieses Balletts ist der glücklichen Gestaltung der drei Rollen, Swanilda, Franz und des hoffmannesken Coppélius zu verdanken. Ein sehr wesentlicher Anteil am Erfolg darf aber auch der ins Ohr gehenden Musik von Delibes zugeschrieben werden. In neuer Zeit ist das Libretto der Coppélia (es geht auf die Novelle »Der Sandmann« von E. T. A. Hoffmann zurück) wiederholt auf mehr oder weniger glückliche Art überholt und neugestaltet worden.

Zerfall des mitteleuropäischen Balletts gegen Ende des 19. Jahrhunderts

Nichts kann den Zerfall der hohen Kunst des Balletts besser aufdecken als die Premiere jenes Werkes, das immerhin die Zeiten überdauert hat und auch heute noch zu den meist gespielten abendfüllenden Handlungsballetten gehört: »Coppélia«. Anläßlich seiner Erstaufführung im Jahre 1870 wurde die Rolle des Franz nicht von einem Tänzer, sondern in Ermangelung eines guten solchen von der Tänzerin Eugénie Fiocre (1845-1908) getanzt.

An guten Tänzerinnen herrschte ein Mangel. Die junge Emma Livry (1842-1863) war die Lieblingsschülerin von Maria Taglioni gewesen. Sie hatte für ihre junge Kollegin, das einzige Mal, daß sie als Choreographin hervorgetreten ist, das Ballett »Le Papillon« (Der Schmetterling) geschaffen. Dieses Werk ist auch darum von gewisser Bedeutung, weil seine Musik von Jacques Offenbach (1819-1880) stammt. Emma Livry, die Hoffnung des französischen Balletts, verstarb im Alter von nur 20 Jahren an den Folgen von Verbrennungen, die sie sich anläßlich einer Probe zugezogen hatte.

Eine andere der jungen hoffnungsvollen Tänzerin, die siebzehnjährige Italienerin Giuseppina Bozzacchi (1853-1870), die erste Swanilda im Coppélia-Ballett, starb an Cholera, die während der Belagerung von Paris im Deutsch-Französichen Krieg ausgebrochen war. Es blieben, wenigstens an der Pariser Oper, nur noch die Spanierin Rosita Mauri (1849-1923) und die Italienerin Carlotta Zambelli (1875-1968), die beide nach Aufgeben des Tanzens pädagogisch tätig waren. Die Zambelli vornehmlich schulte eine ganze Generation späterer Tänzerinnen der Opéra.

Mit dem Namen Taglioni sind nicht nur Filippo und Maria verknüpft; auch Sohn und Bruder, Paul Taglioni (1808-1884), ging in die Ballettgeschichte ein, weil er dem Ballett in Berlin den Stempel seiner Persönlichkeit aufzudrücken verstand. Von seinen zahlreichen Balletten ist wenig übrig geblieben. Sein Name wird hingegen noch im Zusammenhang mit einer Neufassung des Balletts »La fille mal gar-

Sofia Fuoco und die Travestie—Tänzerin Maria in einem Pas de deux im Ballett »Ozai ou l'Insulaire« (1847), Musik C. Gide, Choreographie Jean Coralli.

Rechte Seite, oben:
Ballett »Joko, der brasilianische Affe«, Choreographie von Paul Taglioni (1808 — 1884)

Rechte Seite, unten:
Eine den Zerfall des Balletts ankündigende Massenszene des Balletts »Aladin und die Wunderlampe«, 1863 in Paris.

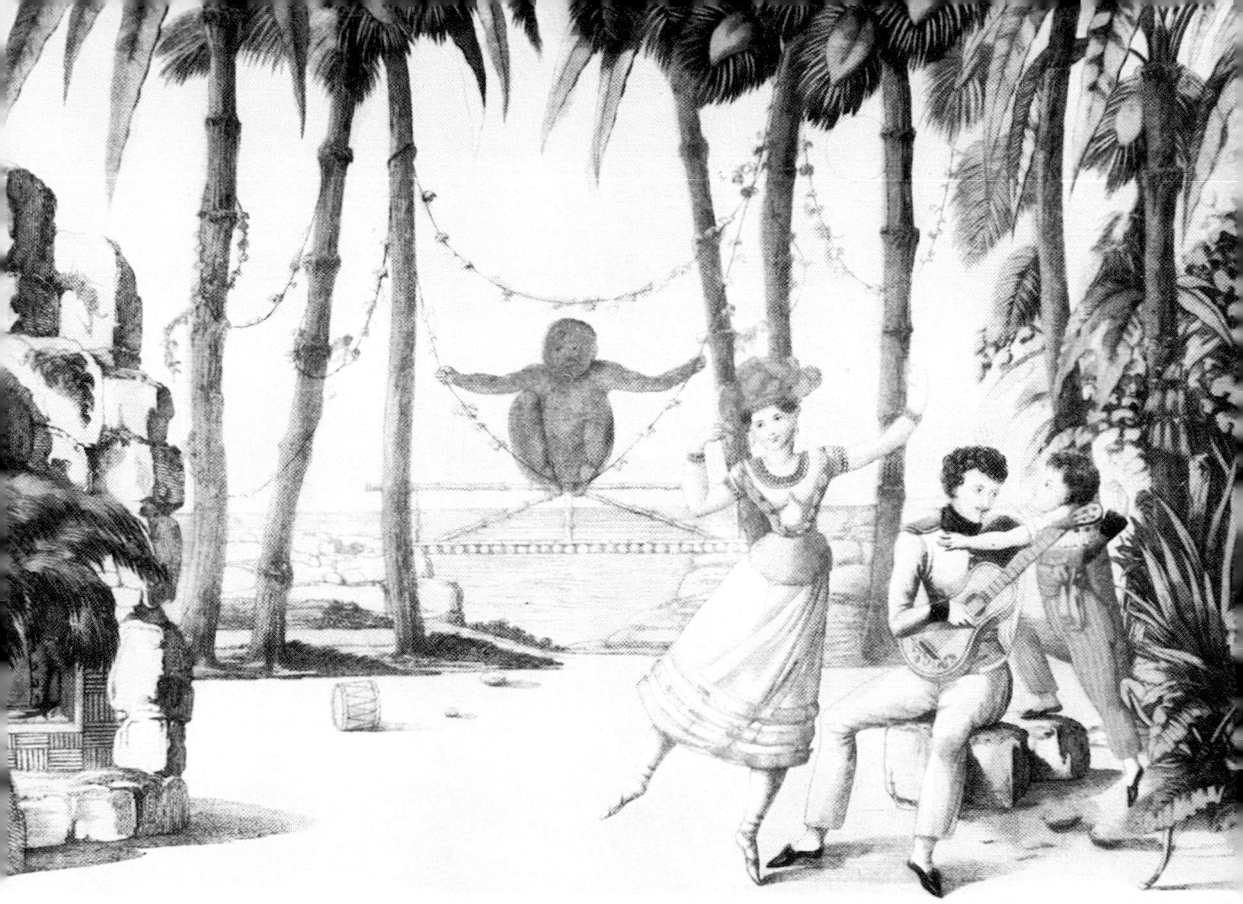

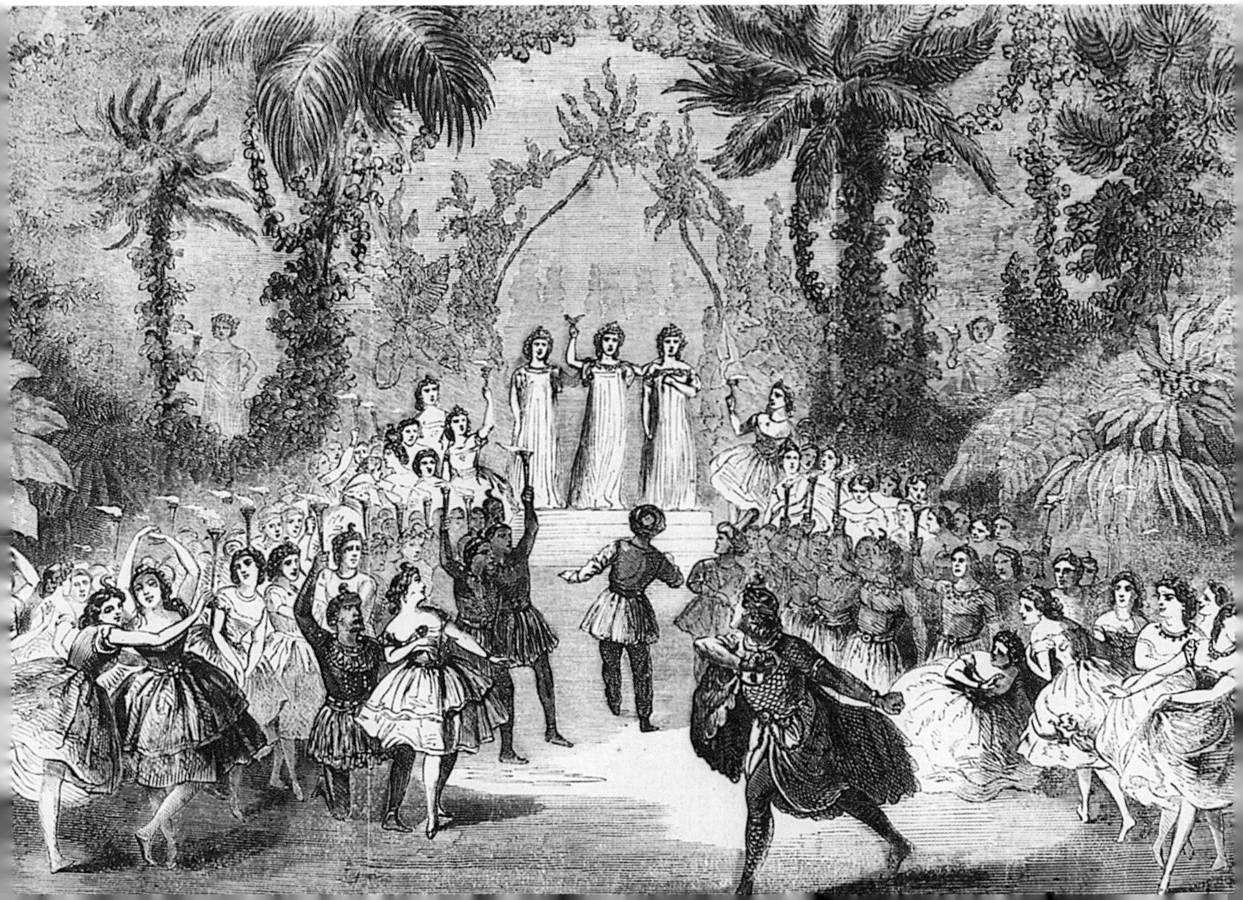

Oben, links:
Aus der Zeit der Dekadenz, Ende des 19. Jahrhunderts: »Oh, mein Süßer, was für eine
hübsche Kravattenadel dies doch ist ... wie gerne möchte ich sie als Zeichen unserer
Freundschaft für mich behalten!«
(Karikatur aus der Serie »L'Opéra au 19ᵉ siècle« von Charles—Edouard de Beaumont
(1812 — 1888) aus »Charivari«)

Oben, rechts:
»Les deux Pigeons« (Die beiden Tauben), Musik André Messager (1853 — 1929) und
Choreographie Louis Merante (1828 — 1887).

Rechte Seite:
Das »Foyer de la Danse« der Pariser Oper, in dem sich Tänzerinnen mit ihren
Verehrern treffen konnten.

dée« genannt. Taglioni ließ sich für seine Neufassung (1864) eine neue Musik durch den Komponisten P. L. Hertel schreiben. Diese wurde dann auch durch Marius Petipa in Rußland verwendet; sie ist dort teilweise auch heute noch im Gebrauch. Eine Degeneration des Balletts konnte Paul Taglioni, trotz seines bekannten Namens jedoch nicht verhindern. Ein Lichtblick, wenigstens was den erzielten Erfolg angeht, war in Wien zu verzeichnen. Dem österreichischen Choreographen Joseph Hassreiter (1845-1940) gelang mit seinem Ballett »Die Puppenfee« (1888) ein richtiger Wurf. Die Musik des Komponisten Josef Bayer (1852-1913) geht ins Ohr und hat an der Verbreitung dieses Werk im ganzen deutschen Sprachgebiet einen Anteil gehabt. Die »Puppenfee« wurde an vielen, auch kleinen Bühnen, zwischen 1888 und der neueren Zeit nachgespielt. Sie ist erst 1919 von einer neuen Fassung durch den Choreographen Leonide Massine und dem Komponisten Ottorino Respighi unter dem neuen Namen »Boutique fantasque« (Zauberladen) verdrängt worden.

In Frankreich konnten sich das Ballett »La Korrigane«, eine bretonische Legende des Choreographen Mérante und des sonst auf Orgelmusik spezialisierten Komponisten Charles-Marie Widor (1844-1937) und »Les deux pigeons« (Die beiden Tauben, 1886), Choreographie ebenfalls von Merante und Musik von André Messager, längere Zeit im Spielplan halten. Eine neue Fassung des letzteren Balletts brachte Frederick Ashton (1904-1988) 1961 in London mit viel Erfolg heraus.

In Mailand hatte man sich, der Jahrhundertwende entgegengehend, auf eine Art von Monstre-Ausstattungsballett spezialisiert. »Excelsior« (1881), »Amor« (1886) und »Sport« (1897) sind Beispiele für den Zerfall des Balletts, der sich kaum mehr aufhalten ließ. Ihr Choreograph war Luigi Manzotti (1835-1905).Erwähnenswert ist in etwas früherer Zeit, mehr als Kursiosum allerdings, das Wiener Kinderballett. Es erfreute sich, obwohl es künstlerisch ehrer minderwertig war, größter Erfolge in ganz Europa. Seine Anfänge gehen bis in die Zeit Noverres zurück, und es ist noch nach der Mitte des 19. Jahrhunderts in Gastspielen aufgetreten. Ballett galt mehr und mehr als eine nicht ernstzunehmende und wenig seriöse Kunst. Dazu beigetragen hat sicherlich der schlechte Ruf vieler Tänzerinnen, die sich ihr karges Einkommen mit den Zuwendungen eines begüterten Freundes verbesserten. Hauptsächlich in Paris spielte das bis in die Zeiten Ludwig XV. zurück zu verfolgende »Foyer de la Danse« eine gewisse Rolle. Herren der vornehmen Gesellschaft, vor allem die Mitglieder des »Jockey Club«, hatten das Recht, die Tänzerinnen vor und nach der Vorstellung und auch während der Pausen in diesem Foyer de la Danse zu besuchen und ihre Verabredungen für den späteren Abend zu treffen. Schon Ludwig XV. hatte das Foyer de la Danse verboten. Trotzdem wurde es mit allem erdenklichen Luxus auch in der heutigen Opéra in Paris 1875 wieder eingebaut. Es dient heute als Proberaum. Glücklicherweise gab es in Europa zwei Länder, nämlich Dänemark und Rußland, welche das Ballett hochhielten und pflegten und so dazu beigetragen haben, es unversehrt ins 20. Jahrhundert hinüberzuretten.

Das dänische Ballett und August Bournonville

Die Anfänge des Balletts in Dänemark gehen auf das 17. Jahrhundert zurück. Theatralische Vorstellungen mit Tanzeinlagen gehörten zu der Unterhaltung des Hofes. 1726 kam der französische Ballettmeister Jean-Baptiste Landé (?-1748) nach Kopenhagen und brachte dort, unter anderen Werken, Komödien mit Ballett von Molière zur Wiedergabe. Landé siedelte bald nach Rußland über, und das Ballett in Dänemark wurde von einer Reihe wenig hervortretender italienischer und französischer Ballettmeister betreut. Zu erwähnen ist, daß damals der englische Mime John Rich, der in London mit viel Erfolg seine Kunst gezeigt hatte, nach Kopenhagen kam. Aus seiner Tätigkeit entwickelte sich das »Tivoli«, das auch heute noch gehobenes Unterhaltungstheater mit viel Tanz zeigt.

Ballett höherer Qualität war in Dänemark Vicenzo Galeotti (1733-1816) zu verdanken. Nach vorheriger Tätigkeit in Venedig und London kam er 1775 als Ballettmeister nach Kopenhagen, und er darf als der Begründer des dänischen Balletts angesehen werden. Er war auch pädagogisch tätig und schulte eine der großen dänischen Ballerinen, Anna Margarethe Schall (1775-1852). Galeotti war nicht unbedingt ein schöpferischer Choreograph, aber er verstand es ausgezeichnet, Werke im Stil seiner berühmten Zeitgenossen Noverre und Angiolini auf die Bühne zu bringen.

Die große Zeit des dänischen Balletts begann mit Antoine Bournonville (1760-1843), der Galeotti nach vierzigjähriger Tätigkeit ablöste. Der Schüler von Noverre brachte vor allem die Werke seines Meisters heraus. Choreographisch trat er wenig hervor. Bedeutender war sein Sohn August Bournonville (1805-1879), der bei seinem Vater und bei Galeotti geschult worden war. Er ging sodann nach Paris, um sich bei Gardel und Vestris weiterzubilden. Sein erstes Auftreten als Tänzer fällt in seine Pariser Jahre. Bournonville kehrte nach vorübergehender Verpflichtung in London im Jahre 1830 nach Kopenhagen zurück. Anfänglich leitete Bournonville nur die Schule des Königlichen Balletts, übernahm aber bald die Stelle eines Ballettmeisters. Er brachte in Kopenhagen nicht weniger als 36 Ballette auf die Bühne. Mehrere unter ihnen sind auch heute noch im Repertoire des Königlichen Balletts. Am bekanntesten ist Bournonville außerhalb seiner Wahlheimat Dänemark durch seine Neufassung der »Sylphide«, die er mit einer neuen Musik von Løvenskjold 1836 mit Lucile Grahn in der Hauptrolle choreographierte. In dieser Fassung ist »La Sylphide« auch heute noch häufig auf den Spielplänen zu finden. Weitere bekannte Ballette sind: »Napoli« (1842), »Konservatorium« (1849), »Kirmes in Brügge« (1851), »La Ventana« (1854), »Blumenfest in Genzano« (1858) und »Fern von Dänemark« (1860). Bournonville ist auch als Verfasser einer überaus lesenswerten Selbstbiograhie hervorgetreten. Er war ein sehr gebildeter Mann von scharfer Beobachtungsgabe und kritischem Geist. Nachhaltend ging er als Begründer des sogenannten Bournonville-Stils des klassischen Tanzes in die Ballettgeschichte ein. Dieser ist auch heute noch eine Spezialität der dänischen Tänzer. Durch seine reiche Tätigkeit, dank seiner Persönlichkeit und seines Ausstrahlungsvermögens darf Bournonville als einer der Erhalter des europäischen Balletts gepriesen werden, einer Kunst, die im besten Begriff stand, dem Zerfall endgültig entgegenzugehen.

Bournonvilles Arbeit wurde von seinen direkten Nachfolgern auf dem Posten eines Leiters der Kompanie nicht sofort fortgesetzt. Doch nach einer rasch überwundenen Zeit des Stillstands übernahm Hans Beck (1861-1952) die Leitung. Er wurde bald der Hüter des Bournonville-Repertoires. Er war es, der die Tradition aufrecht erhielt und in die Gegenwart hinüber rettete. Mit eigenen Choreographien trat er nur wenig hervor. Einzig »Die kleine Seejungfrau« (1909) ist ins Repertoire aufgenommen worden und auch heute noch erhalten geblieben. Auf Beck folgte ab 1931 Harald Lander (1905-1971). Er war ein weiterer Hüter der Tradition, ist aber auch mit seinem eigenen Ballett »Etudes« 1948 sehr erfolgreich gewesen. Dieses, mit Musik des Komponisten Carl Czerny, bekannt durch seine vielen Klavieretüden, ist ins Repertoire zahlreicher Kompanien eingegangen. Auftretende Schwierigkeiten in Kopenhagen veranlaßten Lander, nach Paris überzusiedeln. Er bekleidete dort unter anderem die Stellung des Schuldirektors an der Opéra. Später war er freischaffend und studierte meist in aller Welt seine »Etudes« ein.

Fleming Flindt (1936), Henning Kronstam (1934) und neuerdings Frank Andersen (1943) sind die heutigen Wahrer der dänischen Tradition.

Ballett am Zarenhof in Rußland

Zar Peter der Große (1672-1725) hat bekanntlich in seinem russischen Reich mit Vorliebe westliche Sitten und westliche Kultur eingeführt. Er verbannte die alten Bräuche vom Hof und führte dafür westliche Gepflogenheiten ein. Zarin Elisabeth (1709-1761) war es dann, die den französischen Ballettmeister Landé an ihren Hof holte, um Tanzunterricht zu erteilen. Zusammen mit der italienischen Oper wurde dann ab 1736 erstmals auch das Ballett bekannt. Der italienische Tänzer und Ballettmeister Antonio Rinaldi löste Landé ab. Rinaldi, auch Fusano genannt, erwarb sich hohes Lob von Noverre, der ihn »als den angenehmsten und geistreichsten aller komischen Tänzer, der den Jüngern Terpsichores den Kopf verdreht habe« bezeichnete. Landé kam später zurück und befaßte sich hauptsächlich mit der tänzerischen Schulung junger Russen. Fehlten etwa die Tänzer, so wurden einfach Rekruten, die zum Tanz geeignet schienen, vom Exerzierplatz in den Ballettsaal befohlen. Ab 1757 wirkte der Italiener Giovanni Baptista Locatelli (1713-1790) als Betreuer von Oper und Ballett am Hof der Zaren.

Eine erste Blütezeit erlebte das russische Ballett mit den Choreographen Hilferding und Angiolini, die das Handlungsballett in Rußland einführten.

Erwähnenswert ist, daß bereits im Jahre 1738 in St. Petersburg die erste russische Ballettschule, die zweite ihrer Art nach derjenigen der Pariser Oper (1713), gegründet wurde. Sie ist die Vorgängerin des berühmten Waganova-Instituts, des »Kirov«. Mit dem Ballett ging es in Rußland weiter aufwärts, als 1801 der Franzose Charles-Louis Didelot ins Land kam. Weitere Franzosen, die sich um das Ballett am Zarenhof verdient gemacht haben, waren Perrot und Saint-Léon, die hier ihre vorher im westlichen Europa erfolgreich aufgeführten Werke auf die Bühne brachten. Rußland war auch das Reiseziel der großen Ballerinen der Romantik. Die Taglioni, die Elssler und die Grisi haben das Land wiederholt besucht und sowohl in St. Petersburg als auch in Moskau Erfolge erzielt.

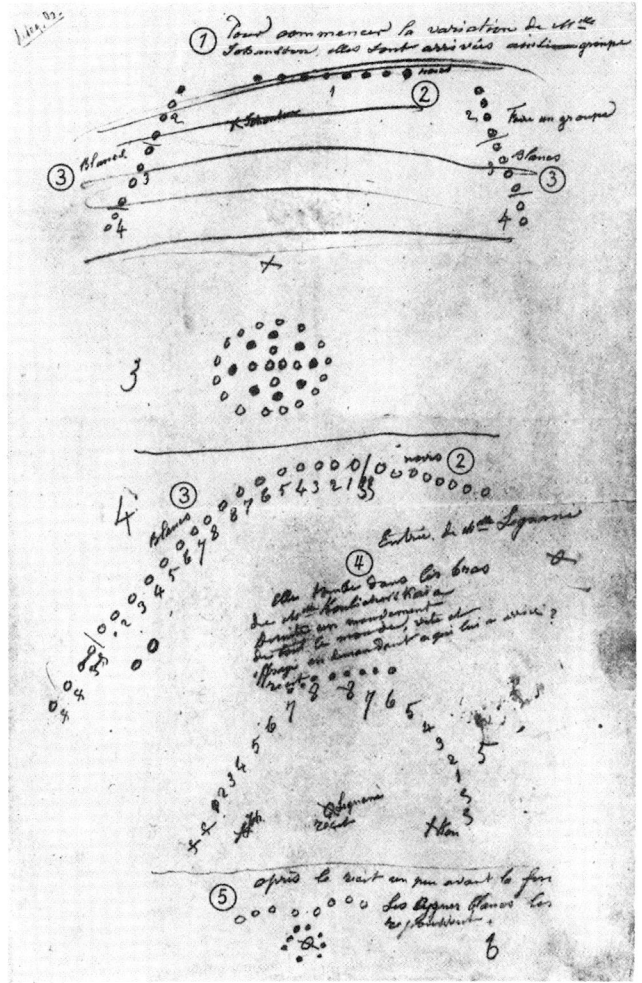

Choreographische Notizen von Marius Petipa, die aufzeigen, der der große
Meister des zaristischen Balletts auch maßgebend an den Akten II und IV des
»Schwanensee« gearbeitet hat und daß er sie nicht, wie oft erklärt wird, ausschließlich
seinem Assistenten Lew Iwanow überlassen hat.

Linke Seite, oben:
»La Bayadère«, Ballett in 3 Akten, Musik Ludwig Minkus, Choreographie Marius
Petipa (1877 — Marinsky—Theater St. Petersburg)

Linke Seite, unten:
Die Uraufführung des »Dornröschen—Balletts« 1890 im Marinsky—Theater in
St. Petersburg

Die Italienierin Pierina Legnani (1863 — 1923) und Olga Preobrajenska (1870 — 1962), zwei der großen Ballerinen des Zaren.

Mit einem weiteren Franzosen, Marius Petipa (1818-1910), begann dann die ganz große Zeit des russischen Balletts. Petipa war vor seinem Übersiedeln nach St. Petersburg als Tänzer in Brüssel, Bordeaux, Nantes, Paris und Madrid verpflichtet gewesen. Ab 1838 begann Petipa, seine ersten eigenen Ballette aufzuführen. In Rußland, wo er vorerst Assistent seines Landsmannes Perrot war, feierte er Triumphe als Tänzer und Partner der großen Ballerinen. Der erste choreographische Erfolg stellte sich 1862 mit dem eigenen Ballett »La fille du Pharao« (Die Tochter des Pharao) ein. Petipa brachte bis zu seinem Tod im hohen Alter von über 90 Jahren in Rußland nicht weniger als 50 Ballette heraus. Darunter Neuchoreographien bekannter Werke wie Giselle, Esmeralda, Corsaire oder La Sylphide. Seine bekanntesten eigenen Ballette waren »Don Quixote« (1869) und »La Bajadère« (1877). Sein bis heute anhaltender Ruf als einer der bedeutendsten Choreographen aller Zeiten verdankt Petipa den drei abendfüllenden Balletten, zu welchen Peter Iljitsch Tschaikowsky in enger Zusammenarbeit mit dem Choreographen die Musik schrieb. »Nußknacker« (1882), »Dornröschen« (1890) und der mehrfach veränderte »Schwanensee«, dessen heute meist gespielte Fassung ja erst nach dem Tod von Tschaikowsky 1894 herauskam, sind teilweise in Zusammenarbeit mit Petipas Assistenten Lew Iwanow (1834-1901) entstanden. Sie tragen aber alle den unverkennbaren Stempel des französisch-russischen Choreographen, auch wenn etwa der zweite und vierte Schwanensee-Akt offiziell von Iwanow stammen. In Rußland traten damals einige Tänzerinnen hervor, deren Können überragend gewesen sein muß. Die Italienerin Pierina Legnani (1863-1923) ist durch ihre 32 Fouettés in einem Aschenbrödel-Ballett Petipas berühmt geworden. Tamara Karsavina, die große Diaghilew-Ballerina, erzählt in ihren lesenswerten Lebenserinnerungen »Theatre street«, wie die Schülerinnen der St. Petersburger Marinsky-Schule es in den Korridoren und Garderoben der großen Tänzerin gleich tun wollten und sich in den Fouettés übten. Von Virginia Zucchi (1849-1930) erklärte ein Zeitgenosse, ihr Rücken sei poesievoller als die Werke aller italienischer zeitgenössischer Dichter zusammen.

Mit Mathilde Kschessinskaja (1872-1971), die später im Exil den russischen Großfürsten André heiratete, und Olga Preobrajenska (1870-1962) erhielt die westliche Ballettwelt zwei Pädagoginnen, welche die hohe Kunst des russischen Balletts auf eine ganze Generation von Tänzerinnen und Tänzern vererbte.

Nach dem Tod von Tschaikowsky arbeitete Petipa erneut mit einem russischen Komponisten, Alexander Glasunow (1865-1936), zusammen. Auch hier diktierte der Choreograph dem Komponisten weitgehend die musikalisch-rhythmische Struktur der zu schreibenden Musik. Das bedeutendste Werk aus dieser Zusammenarbeit ist »Raymonda« (1898), ein Ballett, das durch Rudolf Nurejew auch in der westlichen Welt zu einem Erfolgswerk wurde. Auch »Die Jahreszeiten« (1900) gehören in vielen Kompanien zum Repertoire.

In der Geschichte des Balletts nimmt Petipa eine Schlüsselstellung ein. Er hat, in Zusammenarbeit mit seinem Vertrauten Enrico Cecchetti (1850-1928), aus einer Verschmelzung des etwas weichen, gefühlvollen französischen Stils des klassischen Tanzes mit dem virtuosen, harten des Ialieners den typisch russischen Tanzstil geschaffen, der dann durch die Tänzer der »Ballets Russes« (Russisches Ballett) 1909 nach Europa gebracht und später, nach der russischen Revolution, zum Sowjetstil weiterentwickelt worden ist.

Für uns ist Petipa der Meister des Balletts, der ähnlich wie Bournonville in Dänemark, dem von Degeneration bedrohten Ballett den Weg ins neue Jahrhundert erleichtert hat. An ihn konnte das Ballett, trotz der aufkommenden Konkurrenz durch neue Ideen in Tanz und Ballett, in etwas späterer Zeit wieder anknüpfen und den von seinen Widersachern bereits angekündigten Niedergang und Tod abwenden.

Jahrhundertwende und 20. Jahrhundert

Seit dem ausgehenden 19. Jahrhundert befindet sich unsere Welt in einem Wandel von bisher unbekanntem Ausmaß. Verkehrstechnik und Medien lassen Katastrophen und politische Ereignisse allgegenwärtig werden, sie lassen uns aber auch ferne Länder und Kulturen kennenlernen, von denen man zuvor nur vage Kenntnisse besaß. Das Schlagwort der »pluralistischen Gesellschaft« charakterisiert treffend die Tatsache, daß sich unsere Zeit einer allgemeinen Klassifizierung entzieht. Eine Vielfalt von Stilen kann heute nebeneinander existieren, ohne daß einer einen dominierenden Anspruch erheben könnte. Ein ständig steigender Lebensstandard hat seit dem Ende des 2. Weltkrieges zu einem mitunter gefährlichen Materialismus geführt, dem erst in den achtziger Jahren nun wirksame Gegenkräfte entgegenzuwirken beginnen.

Für das Ballett, eine ursprünglich höfische Kunst, haben sich Sozialisierung und Demokratisierung entscheidend ausgewirkt. Das künstlerische Leben, und so das Ballett, blieb nicht mehr die Kunst einer Minderheit. Der Weg zur Popularisierung war geöffnet und erschloß neue Horizonte. Es ist selbstverständlich, daß die sich stets vervollkommende Technik unser Fühlen und Denken beeinflußt haben. Wir sehen heute viele Dinge mit ganz anderen Augen, als sie unsere Eltern und Großeltern gesehen haben. Die Schranken, welche einst Überlieferung und soziale Pflicht gesetzt hatten, sind weitgehend gefallen, und die künstlerische Freiheit ermöglicht heute ein Handeln, dem kaum noch Grenzen gesetzt sind.

Die Vielfalt der Stile läßt heute den klassischen Tanz und den freien Tanz, der besonders im Jugendstil einen Niederschlag gefunden hatte, nebeneinander existieren.

Allgemein anerkannt sind diese Möglichkeiten einer Koexistenz, eines sich Ergänzen, freilich noch nicht immer. Das Leben und Lebenlassen hat sich noch lange nicht überall als die einzig mögliche Einstellung durchzusetzen vermocht.

Isadora Duncan und die Pioniere des freien Tanzes

Schon Ende des 19. Jahrhunderts zeichnete sich, hervorgerufen durch den Franzosen François Delsarte, eine Bewegung gegen den regelgebundenen klassischen Tanz ab. Delsarte (1811-1871) unterzog die Bewegungen und Gesten und ihre Ausdrucksmöglichkeiten einer wissenschaftlich fundierten Analyse. Delsarte ging so weit, auch die Bewegungen geistig behinderter Menschen genau zu untersuchen, und er darf nicht nur als Vater des modernen freien Tanzes, sondern auch der Tanztherapie, bezeichnet werden. Seine Erkenntnisse haben zweifellos Isadora Duncan und auch die Pioniere des amerikanischen Modern Dance beeinflußt.

Die aus Irland stammende Amerikanerin Isadora Duncan (1877-1927) gilt vielfach als diejenige Tänzerin, die dem angeblich nach der Auffassung der Modernisten veralteten, unnatürlichen und verabscheuungswürdigen klassisch-akademischen Tanz den Todesstoß versetzt hat. Das ist insofern schon unsinnig, als der geschmähte klassische Tanz, durch die Duncan wachgerüttelt, erstarkt die Jahre überstanden hat und wohl auch in Zukunft im Zenith des tänzerischen Geschehens und des Balletts stehen wird.

Isadora Duncan erklärte, »im Land der Griechen mit der Sohle ihre Seele zu suchen und auf Geheiß ihrer Seele zu tanzen.« Hier unterlag sie einem grundsätzlichen Irrtum, da der apollonische Tanz der alten Griechen alles andere als frei und regellos war. Im Gegenteil, er unterstand festen Gesetzen, die jenen des klassischen Stils sehr ähnlich sind. Gewisse Historiker wollten sogar den apollonischen Tanz als direkten Vorgänger des klassischen sehen.

Isadora Duncan war eine ungewöhnliche, etwas exzentrische Frau. Sie widersetzte sich jeglicher gesellschaftlicher Konvention und lebte so frei und ungezwungen, wie es ihr in den Sinn kam. Sie war vor allem eine außergewöhnlich starke Persönlichkeit. Es wäre sonst undenkbar, daß so viele hochbedeutende Frauen und Männer von ihr hingerissen waren und sie als eine Missionarin der Kunst schlechthin priesen und verehrten. Andererseits wurde sie wegen ihrer künstlerischen Zügellosigkeit von aussagekräftigen Zeitgenossen entschieden abgelehnt.

Ein missionarischer Zug, alle Welt von ihren Ideen zu überzeugen, war Isadora Duncan eigen. Sie war fanatisch darauf bedacht, ihre Weltanschauung durch Gründung von Schulen zu verbreiten. Sie besaß zahllose »Jüngerinnen«, die überzeugt und fanatisch wie ihre Meisterin für ihre Kunst eintraten. Diese Schulen waren insofern problematisch, als der Tanz von Isadora Duncan so stark auf ihre eigenen Überlegungen und Empfindungen abgestimmt war, daß er, streng genommen, nicht gelehrt werden konnte. Er stieg und fiel mit ihr und weniger starke Persönlichkeiten mußten in einer Nachahmung verhaftet bleiben. Die eigenwilligen Ideen, weltanschaulicher und auch politischer Art, brachten Isadora Duncan oft in Schwierigkeiten. Ihre Lebensart brachte ihre an und für sich einleuchtende Mission in Mißkredit.

Uns interessiert heute, welchen Einfluß die Duncan mit ihrer Kampfansage an das Ballett auf dieses selbst auszuüben vermochte. Am interessantesten ist sicher die Einstellung des Choreographen der ersten Stunden der »Ballets Russes«, Michael Fokine (1880-1942) zur Duncan. Er ist ihr noch während seiner russischen Jahre begegnet, und er sah dank ihr eine Befreiung von allzu viel Starre im Ballett. Auch fand sich Fokine in seinen eigenen Ideen über die dramatische Wahrheit im Ballett bestärkt. Den stärksten Eindruck aber muß Isadora Duncan auf die Pioniere des freien deutschen Tanzes, auf Jaques-Dalcroze (1865-1950) und auch auf Rudolf von Laban (1879-1958) gemacht haben. Die Neuheit der Idee von Jaques-Dalcroze fußte auf seiner festen Überzeugung der bestehenden Einheit zwischen dem sich bewegenden Körper, dem Rhythmus und der Musik. Das führte ihn zur »Rhythmischen Gymnastik«, mit welcher er die tänzerische-künstlerische Gymnastik auf einen neuen Boden stellte.

Laban vertrat die Ansicht, der Tanz bestehe nur in völliger Unabhängigkeit von den andern Künsten. Er stand so in einem absoluten Gegensatz zum Begründer des Russischen Balletts, Serge Diaghilew (1872-1929), der eine enge Verbindung der Künste im Gesamtkunstwerk Ballett anstrebte. Für Laban entsproß jede Bewegung der Mitte des menschlichen Körpers. Eigenartiger Weise näherte er sich so wiederum dem klassischen Tanz, bei dem ja das Gravitätszentrum in der Körperachse von größter Bedeutung ist. Laban hat den Tanz endgültig aus seiner Flachheit befreit und ihn zur Raumkunst erhoben. Labans Choreographien müssen heute etwas dürftig wirken. Sein Einfluß auf die Moderne ist trotzdem überaus stark und hält nachhaltend an. Von Bedeutung ist auch seine Tanzschrift, die »Laban-Notation«.

Der deutsche Expressionismus hat zweifellos dem sogenannten Deutschen Ausdruckstanz Pate gestanden. Der »German Dance«, wie man den Ausdruckstanz bald nannte, war tatsächlich überwiegend eine deutsche Sache, dessen bedeutendste Pionierin Mary Wigman (1886-1973) war. Auch sie hat, ähnlich der Duncan, ihre Anhängerinnen um sich geschart. Die Wigman sah sich als Opponentin des klassischen Tanzes und lehnte jegliche Abhängigkeit von der Musik ab. Zahlreiche Schülerinnen und Schüler Mary Wigmans sind ihrerseits zu Repräsentanten eines freien Tanzes geworden. Leider verfügten aber die meisten von ihnen, ohne die

Rudolf von Laban (1879 — 1958) bei einer Probe mit einer seiner Tanzgruppen.

Folgende Doppelseite:
Pioniere des neueren Tanzes:
1 = Gret Palucca (geb. 1902)
2 = Isadora Duncan (1877 — 1927)
3 = Yvonne Georgi (1903 — 1975) und Harals Kreutzberg (1902 — 1968)
4 = Mary Wigman (1886 — 1973)
5 = Hanya Holm (geb. 1893)
6 = Martha Graham (geb. 1894)
7 = Doris Humphry (1895 — 1958)
8 = Ted Shawn (1891 — 1972)

Palucca   Phot. Robertson

Jsidora Duncan   Wiener Photo-Kuri

Hanya Holm   Phot. Rudolph

Martha Graham   Phot. Svichi Suna

104

t. Binder

Phot. Rudolph

Doris Humphrey   Phot. Sunami

Phot. Binder   Ted Shawn

klassische Grundlage und Schulung, nicht über jene Körperbeherrschung, welche dem tanzenden Körper jegliche Bewegungsmöglichkeit sichert. Die Wigman ist auch häufig falsch verstanden worden, was einem tänzerischen Dilettantismus und einem oft lächerlichen Amateurismus Tür und Tor öffnete. Ein deutscher Kritiker erklärte einmal, man könne die körperlich ausgedrückten Seelenzuckungen all dieser vermeintlichen Künstlerinnen bald nicht mehr ansehen. Es wäre nun aber falsch, nicht auch anzuerkennen, daß der Ausdruckstanz, ausgeübt durch künstlerisch begabte und geschulte Menschen, seine Schönheit aufweist.

Mary Wigman verlangte von den Tänzern, daß der Körper von innen zum Tanz getrieben werde. Der Raum, und nicht nur der Boden, sollte den Tänzer fordern. Der amerikanische Modern Dance ist ohne den Einfluss von Mary Wigman undenkbar. Es war die Wigman-Schülerin Hanya Holm (geb. 1893), die die Theorien ihrer Lehrerin in den Vereinigten Staaten geltend machte.

Eine der bedeutendsten Vertreterinnen des »German Dance« ist Grete Wiesenthal, die begabteste und zweifellos interessanteste von drei tanzenden Schwestern (1885-1970). Sie war bei keiner der deutschen Ausdruckstänzerinnen in die Schule gegangen und fand selbständig einen neuen Stil des tänzerischen Ausdrucks, vor allem, als Wienerin, beim Tanzen von Walzern. Den überlieferten Bildern nach ist Grete Wiesenthal eine etwas spät in Erscheinung getretene Tänzerin des Jugendstils. Unter den Tänzerinnen und später Pädagoginnen ist Gret Palucca (geb. 1902) die persönlichste und profilierteste. Ihr Verdienst liegt in ganz besonderem Ausmaß auf pädagogischem Gebiet. Sie leitet heute noch die in Dresden niedergelassene »Palucca-Schule«. Sie ist vielleicht die letzte Überlebende einer großen Zeit des deutschen Ausdrucktanzes, ohne sich jedoch dem inzwischen zur Weltgeltung gelangten Modern Dance irgendwie zu verschließen oder den klassischen Tanz in seiner Bedeutung auch für die Moderne abzulehnen.

Ebenfalls ein Schüler von Mary Wigman war der einzige Mann, der im freien deutschen Tanz eine weltweite Karriere machen konnte: Harald Kreutzberg (1902-1968), der durch eine hinreißende Körperbeherrschung aus der Masse hervortrat. Kreutzberg nahm auch gewisse szenisch-dekorative Effekte eines Alwin Nikolai frühzeitig vorweg. Schülerin der Palucca war Dore Hoyer (1911-1967), die später in der Truppe von Mary Wigman tanzte und bald solistisch hervortrat und sich einen Namen zu machen verstand. Sie darf unter den Ausdruckstänzerinnen als die große Selbständige mit starker Persönlichkeit bezeichnet werden. In den Schulen von Jaques-Dalcroze und Mary Wigman wurde Yvonne Georgi (1903-1975) ausgebildet. Sie hat später mit Gret Palucca und Kurt Jooss, dem Schöpfer des Welterfolgs »Der grüne Tisch«, zusammengearbeitet. Von Jooss wird später noch geschrieben werden. Yvonne Georgi ist besonders auch als Choreographin von Format hervorgetreten. Sie verstand es als Ballettleiterin des Landestheaters Hannover und Direktorin der Abteilung Tanz der dortigen Hochschule für Musik, Tanz und Ballett in Hannover auf eine bedeutende Höhe zu heben. Choreographie-Gastspiele haben ihren Ruf auch außerhalb gefestigt. Zu erwähnen ist noch der Schweizer Max Terpis (1889-1958), der an verschiedenen Bühnen etwas von sich reden machte.

Serge Diaghilew und seine »Ballets Russes«

Natürlich war Serge Diaghilew in erster Linie ein Mann des Balletts und der Begründer seiner »Ballets Russes«. Seine besondere Bedeutung aber liegt darin, daß er als Schöpfer des »Gesamtkunstwerks — Ballett« weit über die Grenzen, die durch Tanz und Ballett gesetzt sind, hinausging. Er darf als der große und wegleitende Betreuer der Künste bezeichnet werden.

Diaghilew stammte aus gut bürgerlichen Verhältnissen des provinzialen-zaristischen Rußland im Bezirk Nowgorod. Seine Studien der Jurisprudenz führten ihn nach St. Petersburg, wo er bald Aufnahme in die avantgardistischen Kreise des Künstlertums fand. Im Jahre 1899 gründete Diaghilew mit einer Zahl von Gleichgesinnten, unter ihnen seine späteren Bühnenbildner Alexander Benois und Léon Bakst, die Zeitschrift »Mir Iskusstwa« (Die Welt der Kunst), in der die fortschrittlichen Gedanken der jungen Künstler ausgedrückt wurden. Obwohl diese im Gegensatz zu den traditionellen Vorstellungen des offiziellen zaristischen Rußland standen, wurde Diaghilew vom Direktor der zaristischen Theater, Fürst Wolkonsky, als künstlerischer Berater und Mitarbeiter ans Marinsky-Theater berufen. Wegen der bald auftretenden Gegensätze konnte die Zusammenarbeit nicht von Dauer sein. Etwas später begann darum Diaghilew, Ausstellungen russischer Malerei in St. Petersburg, etwas später aber auch in Paris, zu organisieren. Auf die Pariser Gemäldeausstellung folgte 1908 mit dem berühmten Baß-Bariton Fedor Schaljapin ein Gastspiel mit Mussorgskys Oper »Boris Godunow«, die im Westen damals noch kaum bekannt war. Noch ein Jahr darauf folgten die ersten Ballettaufführungen, die in Paris zur Sensation wurden. Der Triumph der Russen sollte eine für das Ballett völlig neue Zeit einleiten.

Als neuartig wurden einmal die aufgeführten Werke betrachtet. Es waren ganz besonders die »Polowetzer Tänze« aus Borodins Oper »Fürst Igor« (1868 begonnen, 1887 vollendet), welche durch ihre ungestümen und wilden Männertänze das

Serge Diaghilew, Porträt von F.A. Maljavin,
St. Petersburg, 1902

Rechte Seite, oben:
E.S. Krugljakova »Vor der Eröffnung
der russischen Bilderausstellung Diaghilews
1906 in Paris —
Diaghilew in der Bildmitte

Rechte Seite, unten:
Anna Pawlowa (1881 — 1931),
tänzerische Pose als Libelle

Publikum zu Begeisterungsstürmen hinrissen. Ohren, die an oberflächliche und
eher bedeutungslose Musik gewöhnt waren, schraken beim Hören der Borodin-
schen Töne auf. Augen, welche das Tanzen der Rolle des Franz in der Coppélia
durch eine Frau widerstandslos hingenommen hatten, begeisterten sich beim An-
blick der ungestümen russischen Tänzer. Das Theaterpublikum, an fade Hängeku-
lissen gewöhnt, blickte mit Staunen auf die Farbenpracht der Bühnenbilder von Léon Bakst (1866-1924) und Alexander Benois (1870-1960). Eine neue Ära des
krank darniederliegenden Balletts war angebrochen, die Ära Diaghilew und seiner
Ballets Russes. Aus Abgestorbenem sollte bald blühendes neues Leben herauswachsen.

Diaghilews Größe liegt unbestritten darin, daß er Pläne nicht nur ausdachte, sondern sie auch verwirklichte. Er verstand es auch, trotz seines nicht einfachen Charakters, Künstler aus den Schwesterkünsten des Balletts, Musik, Malerei und Literatur zu seinen Mitarbeitern zu machen. Diaghilew hatte einen feinen Spürsinn für
Talente und eines seiner größten Verdienste war, den jungen Igor Strawinsky
(1882-1971) als Komponist zu entdecken und in seinen Dienst zu stellen. Auch eine Zusammenarbeit mit Pablo Picasso (1881-1973), durch welche Diaghilew Bühnenbilder und Kostüme auf nie gesehene Höhen emporhob, ist eine Pioniertat un-
vergleichlicher Art. Diaghilew suchte und fand immer neue Mitarbeiter. Komponisten von Rang schlossen sich dem Kreis um Diaghilew und Strawinsky an. So kam
es bald zur ersten Zusammenarbeit mit Serge Prokofjew (1891-1953), Claude Debussy (1862-1918) und Maurice Ravel (1875-1937). Als einziger deutscher Komponist schuf 1914 Richard Strauss (1864-1949) seine Partitur zur »Josephslegende«.

Diaghilew maß nicht nur der Musik und der Ausstattung seiner Ballette größte Bedeutung bei. Auch die Szenarios sollten neben Musik, Bild, Choreographie und Tanz einen Beitrag zum Gesamtkunstwerk Ballet leisten. Jean Cocteau und Hugo von Hofmannsthal, um nur zwei Verfasser von Szenarios zu nennen, haben mit Diaghilew zusammengearbeitet. Bei den Malern folgten auf Picasso André Derain, Henri Matisse, Juan Gris, Marie Laurencin, Georges Braque, Maurice Utrillo, Max Ernst, Joan Mirò, der auch als Maler tätige Jean Cocteau, Giorgio de Chirico und Georges Rouault. Die Ausstattung begann, wie Serge Lifar sich später äußerte, einen zu breiten Raum einzunehmen und Tanz und Choreograph zu beengen.

Bei den »Ballets Russes« spielten die von Diaghilew aus Rußland mitgebrachten Tänzerinnen und Tänzer ein wichtige Rolle. Geschult waren sie fast alle in der Tradition des St. Petersburger Marinsky-Theaters von Marius Petipa und Enrico Cecchetti. Sie folgten Diaghilew in den Westen, und nach Ausbruch der russischen Revolution kehrten sie kaum noch nach Rußland, das heißt in die Sowjet-Union, zurück. Die am meisten berühmt gewordene, ja legendäre Tänzerin, war Anna Pawlowa (1881-1931), für die der Choreograph Michael Fokine bereits in St. Petersburg 1907 den weltberühmt gewordenen »Sterbenden Schwan« auf Musik von Camille Saint-Saëns choreographiert hatte. Die Pawlowa verstand sich auf die Länge jedoch mit Diaghilew nicht mehr. Sie löste sich 1911 endgültig von ihm und bereiste mit einer eigenen Truppe die ganze Welt.

Tänzerisch-künstlerisch kaum weniger beachtlich war die zweite der ehemaligen Primaballerinen des Marinksy-Theater, Tamara Karsavina (1885-1978). Sie war die glänzende Interpretin vieler Werke der Ballets Russes, und sie fiel ebenso durch ihre Ausstrahlung, Interpretation und Technik wie durch ihre hinreißende Schönheit auf.

Vera Fokina (1886-1958) und Ida Rubinstein (1885-1960) waren zwei der weiteren Ballerinen, welche den Ruhm und Ruf der Diaghilew-Kompanie ausmachten. Unter den Männern war der zum Inbegriff gewordene Wazlaw Nijinsky (1889-1950) der bekannteste. Er wurde bald das Idol des westlichen Ballettpublikums. Wir verdanken Jean Cocteau eine Beschreibung des Tänzers, die erstaunt: »Nijinsky war von unterdurchschnittlichem Wuchs. Er war sowohl psychisch als auch physisch ein Beispiel beruflicher Verbildung. Sein Gesicht, von mongolischem Schnitt, war mit dem Körper durch einen sehr hohen und breiten Hals verbunden. Die Muskeln seiner Oberschenkel und seiner Waden sprengten den Stoff seiner Hose, und darum schienen seine Beine nach hinten gebogen zu sein. Seine Finger waren kurz und schienen gegen die Hand abgegrenzt zu sein, kurz, man hätte nie geglaubt, daß dieser kleine Affe mit seinem spärlichen Haarwuchs, mit einem Rockmantel und einem auf der Mitte des Kopfes sitzenden Hut bekleidet, das Idol des Publikums sei.« (aus Jean Cocteau »La Difficulté d'être«, Paris 1947)

Mehr wird über den Wundertänzer, der zum Inbegriff geworden ist, bei der Besprechung seiner Choreographien noch zu sagen sein.

Rechte Seite: Eine der seltenen Privataufnahmen von Anna Pawlowa (1881 — 1931)

Schüler des Marinsky—Theaters in St. Petersburg bei ihrer Mitwirkung im
»Paquita« Ballett 1982. Ganz außen rechts, der spätere Choreograph Michael Fokine.

Auch der Choreograph Michael Fokine (1880-1942) war als Tänzer eine der
Stützen der Ballets Russes von Diaghilew. In etwas späterer Zeit trat dann der angeblich noch virtuosere Tänzer als Nijinsky, Stanislas Idzikowski (1894-1977), ein
geborener Pole (auch Nijinsky war halb Russe, halb Pole), besonders hervor.

Die Geschichte der Ballets Russes und Diaghilews hängen eng mit der künstlerischen Arbeit seiner Choreographen zusammen. Diese sind:

Michael Fokine war bereits in seinen russischen Jahren als Choreograph in Erscheinung getreten. Sein Name war schon früh (1908) als Choreograph der »Chopi-
niana«, wie »Les Sylphides« mit orchestrierter Musik von Frederic Chopin zuerst
benannt war, aufgefallen. Fokine hatte bestimmte Ideen über die Rolle der Choreographie. Er veröffentlichte sie später (1914) in einem Aufsatz in der englischen Tageszeitung »The Times«:

»1. Für jeden Einzelfall muß, statt daß man lediglich die bereits feststehenden
und bewährten Schritte miteinander verbindet, eine neue Bewegungsform gefunden werden, die dem Gegenstand, der Zeit und dem Charakter der Musik entspricht.

2. Solange Tanz und Musik kein Ausdrucksmittel der Handlung sind, haben sie
im Ballett keinen Sinn.

3. Die konventionellen Bewegungen sind nur dann angebracht, wenn sie der Stil
des Balletts erfordert. Die Bewegungen der Hände sind auf jeden Fall durch Bewegungen des ganzen Körper zu ersetzen. Ein Tänzer kann und muß von den Händen
bis zu den Füßen ausdrucksvoll sein.

Bühnenbild von Léon Bakst (1866 — 1924) für »Daphnis und Chloe«, Musik von Maurice Ravel, aus dem Jahre 1912

4. Das Ensemble ist nicht nur ein Ornament. Das neuzeitliche Ballett geht von der Ausdrucksmöglichkeit des Gesichts und der Hände zu derjenigen des ganzen Körpers über und von dieser zu einer Mehrzahl von Körpern, das heißt zur Ausdruckskraft ihres gemeinsamen Tanzens.

5. Die Verbindung des Tanzes mit den andern Künsten lehnt das neue Ballett ab (da steht Fokine in einem Gegensatz zu Diaghilew). Es soll nicht Diener des Bühnenbilds und der Musik sein, und die Zusammenarbeit mit den andern Künsten wird nur unter der Bedingung völliger Gleichberechtigung anerkannt. So erhält sowohl der Musiker als auch der Ausstatter seine vollkommene Freiheit«.

Mit Fokine, an Bedeutung einem Noverre oder Petipa ähnlich, brach eine neue Zeit der Choreographie, ja des Balletts, an. Die bedeutendsten Choreographien von Fokine sind:

1910 »Le Carnaval« Musik von Robert Schumann, orchestriert von verschiedenen Komponisten — Ausstattung Léon Bakst.

»Scheherazade« Musik Nikolai Rimskij-Korsakow — Ausstattung Léon Bakst.

»Der Feuervogel« Musik Igor Strawinsky — Ausstattung Alexander Golovine.

1911 »Le Spectre de la Rose« (Geist der Rose) Musik nach Carl Maria von Webers »Aufforderung zum Tanz« — Ausstattung Léon Bakst.

»Petruschka« Musik Igor Strawinksy — Ausstattung Alexander Benois.

Linke Seite und oben, links:
Léon Bakst (1866 — 1924), Kostümentwurf zu »Daphnis und Chloe« (1912)
Oben, rechts:
Léon Bakst (1866 — 1924), Kostümentwürfe für »Daphnis und Chloe« (1912) und
»Josephslegende« (1914)

1912 »Daphnis und Chloe« Musik Maurice Ravel — Austattung Léon Bakst.
1914 »Josephslegende« Musik Richard Strauss nach einem Libretto von Hugo von Hofmannsthal und Harry Graf Keßler — Ausstattung Jean-Marie Sert.
Diaghilew war mehr und mehr davon überzeugt, daß der große Tänzer Nijinsky auch ein guter Choreograph sein müsse und er vertraute ihm, zum Verdruß von Fokine, 1912 nicht nur die Rolle des Fauns in »L' Après-midi d'un Faune« zur Musik von Claude Debussy, sondern auch die Choreographie des neuen Balletts an. Nijinsky muß bewußt oder auch instinktiv erkannt haben, daß er diesem Werk mit überliefertem klassischen Vokabularium nicht mehr beikommen könnte. Er fand darum einen eigenartig »zweidimensionalen« Stil, der an reliefartige Darstellung anknüpfte. Choreographisch erregte die Uraufführung den Unwillen vieler Vorstellungsbesucher. Es waren die beinahe animalischen Bewegungen von Nijinsky, die

vielen mißfielen. Besonders die eindeutige Geste, mit der sich der Faun auf den Schleier der ihm entkommenen Nymphe stürzte, wurde mit Empörung zur Kenntnis genommen. Andere freilich, unter ihnen der Bildhauer Rodin, empfanden Nijinskys Tanzen als künstlerische Offenbarung.

Der Skandal des Fauns sollte bald durch einen neuen, noch heftigeren, in Vergessenheit geraten. Igor Strawinsky hatte auf das von ihm selbst in Zusammenarbeit mit dem Bühnenbildner Nicolas Roerich verfaßte Libretto die Musik zum »Sacre du Printemps« (Frühlingsopfer) geschrieben. Alles sah mit unerhörter Spannung der Uraufführung am 29. Mai 1913 im »Théâtre des Champs-Elysées« entgegen. Die erste Aufführung drohte in einem noch nie erlebten Tumult unterzugehen, und es ist schwer, nicht von einer eigentlichen Saalschlacht zu schreiben. Es war vielleicht weniger die Choreographie Nijinskys, die schockierte, sondern die für ihre Zeit unerhört kühne Musik. Der Komponist Arthur Honegger erklärte einmal, diese Partitur sei die »Atombombe der Musik«. Man sollte versuchen, sich vorzustellen, wie diese ihrer Zeit weit vorauseilende Musik auf die an viel sachtere Töne gewöhnten Ohren gewirkt haben muß. Jean Cocteau, einer der Zeugen der ersten Aufführung des »Sacre«, erzählte, daß Strawinsky sich durch eine Hintertüre des Theaters vor der Empörung der Zuschauer habe flüchten müssen. Cocteau, Diaghilew, Strawinsky und Nijinsky sollen nach der verlorenen Schlacht stumm mit einer Kutsche durch den »Bois de Boulogne« gefahren sein. Es ist nicht sonderlich erstaunlich, daß Nijinsky mit seiner Choreographie einige Mühe hatte. Auf diese ungestüme und rhythmisch völlig neue Aspekte eröffnende Musik eine adäquate Choreograhie zu ersinnen, überstieg seine Fähigkeiten als Choreograph. Diaghilew erkannte das, und er bat die Jaques-Dalcroze nahestehende, damals dem klassischen Tanz noch fernstehende Maria Rambert (1888-1982), Nijinsky zu assistieren. Maria Rambert ist dann »bekehrt« worden. Sie erkannte später als Leiterin ihres »Ballet Rambert« in London als eine der Ersten, daß es ein Sowohl als Auch, ein Leben und Lebenlassen, im Bereich des neuzeitlichen und des klassischen Tanzes gebe.

Nachzutragen ist noch, daß ebenfalls im Jahre 1913, wenige Wochen vor der »Sacre«-Uraufführung, zu einer Paritur von Claude Debussy das Ballett »Jeux« aus der Taufe gehoben wurde. Nijinsky, der Choreograph, soll schon damals beim Arbeiten einige Mühe bekundet haben. War er noch zu sehr im Stil des »Après-midi d'un Faune« befangen oder warf der »Sacre« bereits seine Schatten voraus? Erwähnenswert an »Jeux« ist, daß erstmals ein moderner Stoff (die knappe Handlung wickelt sich zwischen Tennisspielern auf einem Tennisplatz ab) als Grundlage für ein Ballett gewählt wurde. Mit aller Klarheit ist nie festgestellt worden, warum Nijinsky wenig später die ersten Anzeichen einer geistigen Umnachtung erkennen ließ. War er durch die ihm von Diaghilew aufgezwungene choreographische Arbeit überfordert worden oder spielte sein unbewältigtes homosexuelles Verhältnis zu Diaghilew eine Rolle? Sicher ist, daß die überraschende Heirat Nijinskys mit der ungarischen Tänzerin Romola de Pulszky Diaghilew so erbittert hat, daß ein Bruch zwischen den beiden Männern unvermeidlich wurde. Sie begegneten sich erst viel später wieder, als Nijinsky bereits unheilbar erkrankt war.

Pablo Picasso (1881 — 1973), Bühnenbild zu »Pulcinella«, Musik Igor Strawinsky nach Pergolesi, Choreographie Leonid Massine (Ballets Russes 1920)

Michael Fokine trennte sich nach der »Josephslegende« von Diaghilew. Die später, hauptsächlich in den Vereinigten Staaten, von ihm choreographierten Ballette wiesen nich mehr die gleiche Qualität auf wie jene, die der Choreograph in seiner Diaghilew-Zeit geschaffen hatte.

In der »Josephslegende« ist in der Rolle des Joseph erstmals der dem Moskauer Bolschoi-Ballett entstammende Léonide Massine (1895-1979) in Erscheinung getreten. Da sowohl Fokine als auch Nijinsky als Choreographen bei Diaghilew ausfielen, übernahm bald Massine die führende Rolle der Ballet Russes. Seine wichtigsten Ballette waren:

Georges Braque (1882 — 1963), Bühnenbild zu »Zéphire et Flore«, Musik Vladimir Dudelsky, Choreographie Leonid Massine (Ballets Russes 1925)

1917 »Parade« Musik von Eric Satie — Libretto Jean Cocteau — Ausstattung Pablo Picasso

Dieses Ballett löste anläßlich seiner Uraufführung während des Ersten Weltkrieges in Paris ebenfalls einen Skandal aus, der bis dahin undenkbar schien. Hauptsächlich Musik und Ausstattung erregten die Gemüter.

1919 »La Boutique fantasque« (Zauberladen) nach dem alten »Puppenfee-Ballett« Musik Ottorino Respighi nach Giacomo Rossini — Ausstattung André Derain.

»Der Dreispitz« Musik von Manuel da Falla — Ausstattung Pablo Picasso.

1920 »Le Chant du Rossignol« (Gesang der Nachtigall) Musik Igor Strawinsky — Ausstattung Henri Matisse.

»Pulcinella« Musik Igor Strawinsky nach Pergolesi — Ausstattung Pablo Picasso.

Auch Massine überwarf sich eine Zeit lang mit Diaghilew. Die Beiden söhnten sich jedoch wieder aus, und Massine setzte seine Zusammenarbeit mit den Ballets Russes fort. Das bedeutendste in dieser Zwischenzeit geschaffene Ballett von Massine ist:

1924 »Salade« Musik von Darius Milhaud — Ausstattung Georges Braque (aufgeführt im Rahmen der »Soirées de Paris«).

118

Georges Rouault (1871 — 1958), Bühnenbild zu »Le Fils Prodigue« (Der verlorene Sohn), Musik Serge Prokofjew, Choreographie George Balanchine (Ballets Russes 1929)

Nach der Rückkehr zu Diaghilew:
1925 »Zéphir und Flore« (in Anlehnung an das Ballett von Didelot »Flore et Zéphir« (1796) Musik V. Dukelsky — Ausstattung Georges Braque.
»Les Matelots« Musik Georges Auric — Ausstattung Pedro Pruna.
1927 »Pas d'acier« Musik Serge Prokofjew — Ausstattung G. Jakulow.
Die Erwähnung weitere Choreographien von Massine folgt später.
Bei den Ballets Russes spielte ab 1909 die Schwester von Wazlaw Nijinsky, Bronislava Nijinska (1891-1972), als Tänzerin eine Rolle. Sie wirkte bei den meisten Balletten bis 1914 mit. Ab 1916 war sie, nach Rußland zurückgekehrt, in Kiew sowohl als Tänzerin als auch als Pädagogin wirksam. Sie unterrichtete dort unter andern auch den jungen Serge Lifar. 1921 kehrte die Nijinska wieder nach Mitteleuropa zurück, und sie begann bei den »Ballets Russes« bald eine bedeutende Stellung als Choreographin einzunehmen. Ihre bekanntesten Ballette sind:
1922 »Le Renard« Musik Igor Strawinsky — Ausstattung Michael Larinow.
1923 »Les Noces« Musik Igor Strawinsky — Ausstattung Nathalie Gontcharova.
1924 »Les Biches« (Hindinnen) Musik Francis Poulenc — Ausstattung Marie Laurencin.

1926 »Romeo und Julia« in choreographischer Zusammenarbeit mit George Balanchine — Musik Constant Lambert — Ausstattung Max Ernst und Joan Mirò.

Die beiden Werke mit Musik von Maurice Ravel »Bolero« (1928) und »La Valse« (1929) wurden für die Pariser Oper, beziehungsweise für Monte Carlo, und nicht für Diaghilew choreographiert.

Mit George Balanchine (1904-1983 — eigentlich Balantschiwadse) trat im vorerwähnten Romeo und Julia-Ballett erstmals ein Mann ins Rampenlicht, der das Ballett bald neuen Horizonten zuführen sollte. Auch er war ein Schüler der Kaiserlichen Ballettschule in St. Petersburg, und er hatte neben Tanz auch Musik am Konservatorium studiert. Balanchine ging früh eigene Wege, und seine ersten choreographischen Arbeiten trugen ihm Kritik seiner konventionellen Vorgesetzten ein. Ab 1924 finden wir ihn dann bei den »Ballets Russes«, wo er nach erfolgreichem Vortanzen von Diaghilew als Choreograph und Tänzer verpflichtet wurde. Balanchines Ballette der Diaghilew-Zeit sind:

1925 »Barabau« Musik Vittorio Rieti — Ausstattung Maurice Utrillo.

1927 »La Chatte« Musik Henri Sauguet — Bühnenarchitektur und Skulpturen Antoine Pevsner und Naum Gabo.

1928 »Apollon musagète« Musik Igor Strawinsky — Ausstattung André Bauchant.

1929 »Le Fils prodique« (Der verlorene Sohn) Musik Serge Prokofjew — Ausstattung Georges Rouault.

Die bedeutendsten Tänzerinnen und Tänzer der »Ballets Russes« der ersten Jahre sind bereits erwähnt worden. Andere, mit unterschiedlicher Bedeutung, kamen im Verlauf der Jahre hinzu:

Tänzerinnen (in alphabetischer Reihenfolge):

Alexandra Danilova (geb. 1904) war nicht nur in den »Ballets Russes«, sondern auch bei den Nachfolgekompanien als Star tätig. Sie erarbeitete sich später eine zweite Karriere als in New York tätige, bekannte Pädagogin.

Felia Doubrovska (1896-1981) wurde ebenfalls nach ihren erfolgreichen Diaghilew-Jahren zu einer der führenden, in den USA tätigen Pädagoginnen.

Lubov Egorova (1880-1972) wirkte nur kürzere Zeit bei Diaghilew. Sie eröffnete bereits 1923 eine ausgezeichnete Schule in Paris.

Lydia Lopuchova (auch Lopokova) (1891-1981) war die Schwester des für das Sowjet-Ballett wichtigen Tänzer, Choreographen und Pädagogen Fedor Lopuchow (1886-1973). Sie wechselte häufig ihr Tätigkeitsgebiet und kehrte nach verschiedenen Abstechern im Todesjahr von Diaghilew zu den »Ballets Russes« zurück.

Alice Nikitina (1909-1978) wirkte von 1923 bis 1929 bei Diaghilew. Sie trat auch als Sängerin auf und unterrichtete in Monte Carlo im Tanz.

Olga Spessiwtzewa (geb. 1895) teilte die ersten Jahre ihrer großen Karriere zwischen Rußland und Paris-London. Sie soll eine der stilreinsten Tänzerinnen ihrer Zeit gewesen sein und ihre Giselle soll bis heute kaum stilistisch-darstellerisch-tänzerisch übertroffen worden sein.

Ludmilla Schollar (1888-1978) war in ihren Verpflichungen ebenfalls etwas unstet und wechselte oft die Kompanien. Auch sie fand eine zweite Lebensaufgabe als Pädagogin.

Die sämtlichen hier aufgeführten Ballerinen haben etwas gemeinsam: sie sind alle durch die harte Schule des Marinsky-Theaters in St. Petersburg gegangen und haben Stil und Technik ihrer Lehrer in alle Welt getragen.

Tänzer:

Enrico Cecchetti (1850-1928) ist in der Welt des Balletts in aller erster Linie als wegweisender Pädagoge bekannt. Er hat jedoch auch als Charaktertänzer seine große Bedeutung gehabt. Er ist noch im Alter von 61 Jahren als Schaubudenbesitzer in der Uraufführung des Petruschka-Balletts 1911 zu sehen gewesen. Zu seinen Glanzrollen gehörten einst die Fee Carabosse und der Blaue Vogel im »Dornröschen«. Diaghilew ruinierte sich 1921 in London mit diesem von Strawinsky musikalisch ergänzten und von Bakst prunkvoll ausgestatteten »Dornröschen«. Im Bereich der Klassiker hatte er sich bereits früher der »Giselle« angenommen.

Zu den Tänzern Diaghilews gehörte auch Leon Woizikovsky (1899-1975); der gebürtige Pole war einer der großen Charaktertänzer. Er war gegen Ende seines Lebens erfolgreich in Köln und Bonn pädagogisch tätig.

Anton Dolin (1904-1983) war irischer Abstammung und verkörperte bei den »Ballets Russes« verschiedene bedeutende Rollen. Seine Haupttätigkeit fällt allerdings in seine in London verbrachte Zeit, wo er zu einer der markantesten Persönlichkeiten des Balletts wurde.

Serge Lifar (1905-1986), der bedeutende spätere Choreograph, trat bei Diaghilew nur als Tänzer hervor. Seine Bedeutung als Choreograph wird Anlaß einer gesonderten Betrachtung sein. Als Tänzer hat er in ganz besonderem Maß die Sympathie des Schöpfers der »Ballets Russes« genossen.

Mit Diaghilew ist 1929 eine nicht nur für das Ballett hoch bedeutende Persönlichkeit dahin gegangen. Der Umgang mit ihm war bestimmt nicht leicht. Er war spontan und rücksichtslos, anhänglich und abweisend je nach Einfall und Laune. »Der Mäzen ohne Geld«, wie er sich selbst einmal nannte, hat einen für ihn typischen Wahlspruch für sich in Anspruch genommen: »Wer nachfolgt, führt nicht«. Dieses ständige den andern mit Ideen und Taten Vorauszueilen, war seine Größe und auch Schwäche zugleich. Sein Jean Cocteau einmal zugerufenes »Jean, étonnemoi« (Jean, erstaune mich doch) ist ein Zeichen, daß er, der so oft erstaunte, auch von andern erwartete, daß sie Staunen erregen. Mit seinen Schwächen und seiner Stärke war Diaghilew eine große Persönlichkeit der Kunst zwischen 1910 und 1929.

Es erstaunt immer wieder, daß die »Ballets Russes« in den Ländern deutscher Sprache wenig aufgefallen sind. Gewiß, es gab unter anderm Gastspiele in Berlin und in wenigen andern Städten. Europa war jedoch gespalten, einerseits in die romanischen Länder und England und andererseits in die dem deutschen Ausdruckstanz verschriebenen Länder Deutschland, Österreich und deutsche Schweiz. Die letzteren sättigten ihr Bedürfnis nach Tanz durch einen Besuch der Ausdrucktanzvorführungen und des mehr und mehr aufkommenden Kammertanzes. Tanzpaare wie Clotilde und Alexander Sacharoff, und später das spanische Tänzerpaar Susana y José oder auch Einzeltänzer wie Harald Kreutzberg hatten bei ihrem Auftreten Jahr für Jahr ein treues Publikum, mit dem sie rechnen konnten. Ballett, mit dem klassischen Tanz als Sprache, wurde als veraltet und überlebt abgelehnt. Man schien das Ballett vergessen zu haben. Eine im Jahre 1928 in einer Basler Tageszeitung erschienene Kritik über ein Gastspiel der Anna Pavlova sagt alles:

»Wir glaubten den ganzen Zauber (gemeint ist der klassische Tanz) längst im Theatermuseum. Nur in der »Grand Opéra« und den Variétés konnte man noch verspäteten Nachzüglern begegnen, aber auch sie durch Girls und Niggers auf den Aussterbeetat gebracht.«

Als der russische Exilchoreograph Wazlaw Orlikowsky 1955 in Basel seinen »Schwanensee« in einer vieraktigen Fassung ankündigte, wurde er als veraltet lächerlich gemacht und im voraus abgelehnt. Erst sein bis dahin im Ballett nie dagewesener Erfolg — fast 200 Aufführungen in wenigen Jahren — gab ihm recht. Es brauchte Jahre, ja Jahrzehnte, bis das Ballett bei uns wieder ernstgenommen wurde, ja vielerorts zur im Vordergrund stehenden Kunstgattung der Bühne herangewachsen ist.

In die Diaghilew-Zeit fällt auch das »Schwedische Ballett« (Ballets Suédois), eine im Geist der »Ballets Russes« ihrer Zeit vorauseilende Truppe. Ihr Gründer war 1920 der Schwede Rolf de Maré (1898-1964), unterstützt vom Tänzer-Choreographen Jean Börlin (1893-1930). Er kann in gewissem Sinn mit Diaghilew verglichen werden. Auch er suchte und fand die Vereinigung der Künste im Ballett. Die wichtigsten Ballette waren (mit Erstaufführungen meist in Paris):

»L'Homme et son Désir« (Der Mensch und seine Wünsche), Libretto Paul Claudel, Musik Darius Milhaud, Choreographie Jean Börlin.

»Les Mariés de la Tour Eiffel« (Die Jungverheirateten vom Eiffel-Turm) Libretto Jean Cocteau, Musik Komponistengruppe »Les Six« (Auric, Taillefer, Honegger, Milhaud, Poulenc, Durey)

»Skating Rink« (Eisfeld), Musik Arthur Honegger, Bühnenausstattung Fernand Léger.

»La Création du Monde« (Erschaffung der Welt), Libretto Blaise Cendrars, Musik Darius Milhaud, Ausstattung Fernand Léger.

»Relâche« (Unterbrechung, Pause), Filmzwischenspiel René Clair, Musik Eric Satie, Ausstattung Francis Picabia.

»La Giara« Libretto Luigi Pirandello, Musik Alfredo Casella, Ausstattung Georgio de Chirico.

1925 wurde die Kompanie aufgelöst. Ihr Gründer Rolf de Maré machte sich später als Gründer der »Archives·internationales de la Danse« in Paris verdient.

De Maré hat zweifellos ein Kapitel der Ballettgeschichte durch die Verpflichtung namhafter Künstler seiner Zeit mitgeschrieben. Mehrere seiner Werke findet man auch heute noch auf den Spielplänen. Musikalisch betrachtet, hat »La Création du Monde« Bedeutung, weil die Musik von Milhaud erstmals den in jener Zeit aufkommende Jazz einbezieht. Sämtliche Choreographien der Ballets Suédois zeichnete Jean Börlin.

Fernand Léger (1881 — 1955), Bühnenbild zu »La Création du Monde« (Die
Erschaffung der Welt), Libretto Blaise Cendrars, Musik Darius Milhaud, Choreographie
Jean Börlin (Ballets Suédois 1922)

Marc Chagall, Kostümentwurf zu »Daphnis und Chloe«, Brüssel 1958

Ballett im Vorfeld des Zweiten Weltkriegs

Mehrere, sich teilweise ablösende Truppen machten sich das Erbe Diaghilews streitig. Eine führende Persönlichkeit fehlte allerdings, so daß keine dieser Nachfolger sich lange halten konnten. Die unter Colonel de Basil und René Blum stehenden »Ballets Russes de Monte-Carlo«, gefolgt von den »Ballets de Monte-Carlo« und den »Ballets Russes du Colonel de Basil« hatten keinen langen Bestand. Zu beachten ist, daß sich das Ballettgeschehen, wie teilweise schon unter Diaghilew, nach Monte Carlo verlegt hatte. Einige Ballette von Bedeutung aus den Jahren 1929 bis 1939 sind immerhin zu verzeichnen:

»La Concurrence« Choreographie George Balanchine, Musik Georges Auric, Ausstattung André Derain, 1932.

»Jeux d'enfants« Choreographie Leonid Massine, Musik Georges Bizet, Ausstattung Joan Miró, 1932.

»Beach« (Strand) Choreographie Leonid Massine, Musik Jean Françaix, Ausstattung Raoul Dufy, 1933.

»Présage« (Vorzeichen) Choreographie Leonid Massine, Musik 5. Sinfonie von P. I. Tschaikowsky, Ausstattung André Masson, 1933.

»Choreartium« Choreographie Leonid Massine, Musik 4. Sinfonie von Johannes Brahms, 1933.

»Die sieben Todsünden des Kleinbürgers«, Libretto Bertold Brecht, Musik Kurt Weill, Choreographie George Balanchine, 1933.

»Symphonie fantastique« Choreographie Leonid Massine, Musik Hector Berlioz, Ausstattung Christian Bérard, 1936.

»Siebente Sinfonie« Choreographie Leonid Massine, Musik Ludwig van Beethoven, Ausstattung Christian Bérard, 1938.

»Nobilissima Visione« Choreographie Leonid Massine, Musik Paul Hindemith, 1938.

125

»Le Rouge et le Noir« (auch »Etrange Farandole« — Merkwüdige Schildwache) Choreographie Leonid Massine, Musik 1. Sinfonie von Dimitri Schostakowitsch, Ausstattung Henri Matisse, 1939.

Die Tendenz, bedeutende Musiker und Maler ins Ballettgeschehen einzubeziehen, hielt in diesen Jahren ungebrochen an. Massine darf als Mitbegründer des sinfonischen Balletts bezeichnet werden. Die Verwendung von Meisterwerken der Musik für Ballett hat ihm allerdings viel Kritik eingetragen.

Der neue »Neoklassische Tanzstil« ist in erster Linie auf George Balanchine zurückzuführen. Auch Serge Lifar, der ab 1929 das Ballett an der Pariser Oper leitete, darf als Neoklassiker bezeichnet werden. Eigentlich hätte Balanchine diese Stellung versehen sollen. Da erkrankte er und Lifar sprang für ihn ein und übernahm den Posten schließlich ganz. Obwohl Lifar zu den treuen Anhängern seines Meisters Diaghilew gehört hatte, stellte er sich 1935 mit einem choreographischen Manifest, einem Gegenstück zu jenem von Fokine aus dem Jahre 1925, in einen gewissen Gegensatz zu ihm. Seine Grundsätze waren:

1. Wir können und sollen nicht alles tanzen (man kann hier einen offensichtlichen Widerspruch zu den sinfonischen Balletten von Massine sehen).

2. Ballett muß seinem Ursprung, dem Tanz, verhaftet werden (es soll folglich nicht zu sehr die andern Künste einbeziehen).

3. Das Ballett soll nicht eine andere Kunst illustrieren (hier steht Lifar im Gegensatz zu Balanchine, der erklärt hatte, Ballett sei sichtbar gemachte Musik).

4. Ballett soll sein rhythmisches Schema nicht der Musik entnehmen.

5. Das Ballett kann ganz auf Musik verzichten (hier spielt Lifar wohl auf seine eigenen Versuche an, nur auf von ihm vorgegebene Rhythmen oder auf das Versmaß eines Gedichtes zu choreographieren).

6. Das Ballett kann und soll schriftlich festgehalten werden (ob da Lifar bereits auf die 1926 veröffentlichte Laban-Notation anspielt oder ob er an die ihm von Rußland her bekannte Stepanow-Notation dachte, ist ungewiß).

7. Falls das Ballett sich mit Musik verbindet, soll der Rhythmus Sache des Choreographen und nicht jene des Musikers sein.

8. Das Ballett braucht ein eigenes Orchester (Lifar denkt hier unter Umständen auch an eigene Dirigenten).

9. Der Choreograph soll nicht der Diener des Ausstatters sein.

10. Es ist notwendig, ein eigenes, unabhängiges Ballett-Theater zu errichten.

Lifar hat die Geschicke des Balletts der Pariser Opéra, mit einer Unterbrechung während der Zeit von 1944 bis 1947, bis 1955 in Händen gehalten. Er hat zweifellos, auch wenn sein Ruf in letzter Zeit außerhalb Frankreichs eher schwächer geworden ist, mit seinen großen Tänzerinnen und Tänzern eine Ballettatmosphäre ungewöhnlicher Art geschaffen. Unter den Etoiles der Lifarzeit sind in Deutschland ganz besonders Solange Schwarz (geb. 1910), Lycette Darsonval (geb. 1912), Nina Vyrubova (geb. 1921) und in noch höherem Ausmaß Yvette Chauviré (geb. 1917) bekannt geworden.

Serge Lifar begann seine choreographische Arbeit an der Opéra 1929 mit einer eigenen Fassung der »Geschöpfe des Prometheus« nach der Musik von Beethoven. Es folgte zwei Jahre später »Bacchus et Ariane«, in einer Ausstattung von Georgio de Chirico, mit Musik des in Deutschland damals wenig bekannten französischen Komponisten Albert Roussel (1869-1937). Das Jahr 1935 brachte in Dekorationen von Georges Braque und mit Musik von Darius Milhaud »Salade«, »Icare«, mit von Lifar selbst ersonnenen Rhythmen, ein Werk, das 1962 mit neuen Dekorationen von Picasso wieder auf den Spielplan kam und eine Neufassung des »Nachmittag eines Fauns«, zu der Picasso ebenfalls die Ausstattung beisteuerte. Am nachhaltigsten ist Lifar mit seiner »Suite en blanc«, Musik von Eduard Lalo (1943) bekannt geworden. Aber auch »Les Mirages« mit der Musik des Ballettspezialisten unter den französischen Komponisten neuerer Zeit, Henri Sauguet (1901 — 1989), hat seinen Ruf als einer der bedeutenden Choreographen unserer Epoche gefestigt. In den letzten Jahren ist es um Lifar still geworden. Er scheint das Schicksal vieler anderer Choreographen zu teilen, die nach Erreichen der Lebensmitte nicht mehr sehr inspiriert sind. Lifar ist auch als Autor einer größeren Zahl von Büchern hervorgetreten. Unter diesen sind die Werke »Traité de Danse académique« und »Manifeste du Chorégraphe«, sowie eine Selbstbiographie beachtlich und lesenswert. Die historische Genauigkeit seiner Erinnerungen wird von Fachleuten jedoch etwas in Frage gestellt.

Für das deutsche Ballett ist das Jahr 1932 bedeutungsvoll geworden. Bei einem Choreographiewettbewerb in Paris gelang dem der Folkwangschule in Essen nahestehenden Choreographen Kurt Jooss (1901-1979) ein großer Wurf. Sein Protestballett — er nannte es Totentanz — fiel in eine Zeit, in welcher die Bedrohung durch einen neuen Weltkrieg sich abzuzeichnen begann. »Der grüne Tisch« versucht die Hintergründe dieser Weltangst zu beleuchten und es ist kein Wunder, daß dieses Ballett auch heute noch, oder heute wieder, auf den Spielplänen erscheint.

Ballett im eigentlichen Sinn des Wortes wurde in der Zeit zwischen 1920 und 1950 im ganzen deutschen Sprachgebiet kaum gespielt. Die von den Stadttheatern und den Opernhäusern gehaltenen Ballettensembles dienten in erster Linie dazu, in Opern und in den damals noch häufig gespielten Operetten die Tanzeinlagen zu bestreiten. Zu eigenen Leistungen kamen sie kaum. Versuche, Ballett zu spielen, stehen vereinzelt da. So hat Köln 1926 die gute Absicht gezeigt, mit der Uraufführung von Béla Bartóks »Wunderbarem Mandarin« neue Wege zu beschreiten. Die Kurzsichtigkeit politischer Kreise durchkreuzten diese Absicht. Dem Abraxas-Ballett, Musik von Werner Egk, sollte es rund 20 Jahre später in München kaum besser gehen.

In den Opern freilich bestand für das Ballett die Möglichkeit, von sich reden zu machen. Als Erbe der barocken Ballettoper hat Frankreich eine Reihe von Werken hervorgebracht, deren Aufführungen in Paris ohne Ballett undenkbar waren. Richard Wagner mußte bekanntlich, um die Pariser Aufführung seines »Tannhäuser« zu sichern, seine ursprüngliche Dresdener Fassung des Werkes durch eine Pariser Fassung mit der getanzten Hörselberg-Szene ersetzen. Einige der beliebtesten und meist gespielten französischen Opern, so »Faust« (bei uns »Margarethe«) 1859 von Charles Gounod (1818-1893), »Samson und Dalila« (1877) von Camille Saint-Saëns (1835-1921) und mehrere Opern von Giuseppe Verdi (1813-1901) enthalten mehr oder weniger bedeutende Balletteinlagen. Getanzt wurde auf den Bühnen der deutschsprachigen Theater auch recht viel in den auf den Spielplänen stehenden Wiener und Berliner Operetten, die im Zeichen einer noch fernsehfreien Zeit das Vergnügen breiter Kreise ausmachten.

Neubeginn des Balletts in England

In der Geschichte des Balletts hat England, vor allem London, stets eine Rolle ge-spielt. In den Dreißigerjahren aber wurde der Grundstein für ein ungemein populä-res Aufführen von Balletten gelegt. Als eine Begründerin darf hier in erster Linie Ninette de Valois (geb. 1898) aufgeführt werden. Der eigentliche Geburtstag des heutigen Balletts in England fällt auf eine noch etwas zaghafte Einstudierung des Balletts »Les petits riens« mit der Musik von Mozart. Mit der Zeit entwickelte sich aus den bescheidenen Anfängen das »Vic-Wells Ballet« und aus ihm entstand dann das »Sadler's Wells Ballet«, das 1956 in das »Royal Ballet« umgewandelt wurde.

Ninette de Valois trat auch als Choreographin hervor. Ihre bedeutendsten Ballet-te sind:

1935 »The Rake's Progress« (Nicht zu verwechseln mit der Oper gleichen Namens von Strawinsky)

1937 »Checkmate« Musik Arthur Bliss

Sehr bald fingen die Engländer an, hauptsächlich die großen Handlungsballette zur Aufführung zu bringen. Es entwickelte sich ein überaus reger Betrieb, der dem englischen Ballett ungeheure Auftriebe zu geben vermochte. Neben Ninette de Valois waren es in den Anfangszeiten auch die beiden Choreographen Frederick Ashton (1904-1988) und Robert Helpman (1909-1987), welche das englische Bal-lett förderten. Ashton hat ein reiches choreographisches Werk geschaffen, bei dem zu verweilen angezeigt ist:

Linke Seite: Wenn die Kunst des Balletts seit den letzten 30 Jahren zu einer nie geahnten Popularität gekommen ist, so ist dies weitgehend den beiden so beliebten Tänzern Margot Fonteyn und Rudolf Nurejew zu verdanken. Das Bild: Margot Fonteyn und Rudolf Nurejew im Gespräch mit dem Verfasser

1937: »Les Patineurs« (Schlittschuhläufer) Musik Jacques Offenbach.
1946: »Sinfonic Variations« Musik César Franck.
1948: »Scènes de ballet« Musik I. Strawinsky.
1956: »Birthday offering« Musik Alexander Glasunow.
1958: »Undine« Musik H. W. Henze.
1960: »La fille mal gardée« Neufassung, Musik L. J. F. Hérold und John Lanchbery.
1961: »Les deux pigeons« (Die beiden Tauben) Neufassung, Musik André Messager.
1963: »Marguerite and Armand« Musik von Franz Liszt (für Margot Fonteyn und Rudolf Nurejew choreographiert).
1964: »The Dream« (nach Shakespeares Sommernachtstraum) Musik F. Mendelssohn-Bartholdy.
1968: »Enigma Variations« Musik Edward Elgar.
1976: »A Month in the Country« Musik F. Chopin.

Robert Helpman war mehr als Tänzer, denn als Choreograph beachtenswert. Von seinen zahlreichen selbst choreographierten Balletten ist kaum eines auf den Spielplänen verblieben. Seine Verdienste um das Ballett in England sind dennoch festzuhalten.

Der dritte der englischen Choreographen jener Zeit ist Antony Tudor (1908-1987), dem einige Ballette zu verdanken sind, die im englischen und auch internationalen Ballettrepertoire ihre Bedeutung haben.

1936: »Jardin aux Lilas« Musik Ernest Chausson.
1937: »Dark elegies« Musik Gustav Mahler.
1942: »Pillar of Fire« Musik Arnold Schönberg.

Antony Tudors Tätigkeit beschränkte sich nicht nur auf England. Er war auch in den Vereinigten Staaten von Nordamerika, in Kanada und in Schweden als Choreograph und besonders auch als Lehrer sehr aktiv.

Aufs Engste mit dem englischen Ballett des 20. Jahrhunderts ist Marie Rambert (1888-1982) verbunden. Sie stand anfänglich unter dem Einfluß von Isadora Duncan und Jaques-Dalcroze, näherte sich aber mehr und mehr, bestimmt auch dank der Zusammenarbeit mit Diaghilew und Nijinsky bei der Einstudierung des »Sacre du printemps«, dem klassischen Tanz. Sie studierte diesen bei Cecchetti und sie verstand es, zwischen Klassik und der damaligen Moderne eine Brücke zu schlagen. Von Bedeutung war es für das noch junge englische Ballett, daß Marie Rambert frühzeitig der Ausbildung der Tänzer große Beachtung schenkte und mit viel Spürsinn junge choreographische Talente entdeckte. Nach verschiedenen Übergangsperioden erfolgte 1935 die Gründung des »Ballet Rambert«, das neben dem heutigen Royal Ballet bald eine führende Rolle übernehmen sollte. Ihrem Entdeckersinn verdanken, unter vielen andern, Frederick Ashton, Antony Tudor und nicht zuletzt John Cranko den Einstieg ins choreograpische Geschehen. Auch heute noch nimmt

Rechte Seite: Nadia Nerina, Royal Ballet London, »Sprung der Libelle«

das Ballet Rambert, neuerdings in »Rambert Dance Company« umbenannt, im Bereich des gemäßigt modernen und des klassischen Balletts nicht nur in England, sondern weltweit eine hervorragende Stellung ein.

Das Ballett in England verdankt seine Popularität außer den Choreographen auch einer Reihe von bedeutenden Tänzern. Alicia Markova (geb. 1910), welche einige Zeit in der Kompanie von Diaghilew getanzt hatte, hat den Geschmack der Engländer auf große Handlungsballette durch ihre Ballerinenrollen ganz wesentlich geformt. Zusammen mit Anton Dolin gründete die Markova eine eigene Truppe, die später zum bekannten »London Festival Ballet«, neuerdings »English National Ballet«, geworden ist. Sie kehrte auch wieder zu den Nachfolge-Truppen der »Ballets Russes« zurück und half mit, eine Reihe bedeutender Werke zu kreieren. Auch in Amerika legte die Markova Zeugnis ihrer hohen Interpretationskunst überlieferter Rollen ab. Ihre Giselle soll eine der poesievollsten unseres Jahrhunderts gewesen sein. Sie darf als direkte Vorgängerin von Margot Fonteyn bezeichnet werden.

Auch Anton Dolin hat das englische Ballett ganz wesentlich bereichert. Er tat es nicht nur als hervorragender Tänzer, sondern in späteren Jahren auch als Pädagoge. Dolin hat seine reiche Erfahrung in mehreren Büchern niedergelegt. Bis in die letzten Jahre waren die Markova und Dolin ein Begriff für das englische Ballett schlechthin.

Zu fast legendärer Berühmtheit gelangte in den Jahren 1935 bis 1975 Margot Fonteyn (geb. 1919) in England und überall, wo Ballett eine Rolle spielte. Sie war lange Jahre so etwas wie »das Ballett in England selbst«. Ihre Karriere ist unzertrennlich mit den großen Ballerinenrollen beim Englischen Royal Ballet verbunden. Etwas später erregte ihre Partnerschaft mit Rudolf Nurejew Aufsehen. Das Tänzerpaar eroberte sich die Welt des Balletts in einem früher kaum gekannten Ausmaß. Man kann Margot Fonteyn vorwerfen, sie hätte einige Jahre zu lang getanzt und dadurch anderen, kaum zurückstehende Ballerinen wie etwa die hervorragende Nadia Nerina (geb. 1927) oder Svetlana Beriosova (geb. 1932) zurückgedrängt. Wie das auch immer sein möge, für die Popularität des Balletts darf Margot Fonteyn Verdienste für sich in Anspruch nehmen wie kaum eine andere Ballerina unserer Zeit.

Über das Ballett in England wird mehr noch bei der Betrachtung des Gegenwartsballetts zu erklären sein.

Ballett in den USA dank Balanchine und Robbins

Im Jahre 1934 lud der große amerikanische Mann des Balletts, Lincoln Kirstein (geb. 1907), Georges Balanchine ein, in New York die »School of American Ballet« zu leiten. Für eine Schüleraufführung entstand 1934 das Ballett »Serenade« mit der Musik von P. I. Tschaikowsky. Aus dem Schülerensemble entstand das »American Ballet«, das bald als Hausensemble der berühmten Metropolitan Opera in Erscheinung trat. Hier spielte sich ein Vorgang ab, der als ungewöhnlich bezeichnet werden darf. In der Regel gründet eine erfolgreiche Truppe zur Sicherung eines im Geist, Stil und in der Technik des Ensembles geschulten Tänzernachwuchses eine eigene Schule. Hier folgte der Schule die Kompanie.

Bald folgten weitere Choreographien, von Balanchine gestaltet:

1937: »Kuß der Fee« und »Jeu de cartes« beide mit Musik von Igor Strawinsky

1941: »Concerto barocco« Musik J. S. Bach

»Ballet Imperial« Musik P. I. Tschaikowsky

Mit den letztgenannten werden Werke erwähnt, die bereits in die Zeit des Zweiten Weltkrieges fallen. Um eine unnötige Zersplitterung des Betrachtens des Oeuvres Balanchines zu vermeiden, sollen seine bekannteren Choreographien gleich bis zu seinem Tode 1983 aufgeführt sein:

1944: »Danses concertantes« Musik Igor Strawinsky

1946: »Night shadow« Musik Vincenzo Bellini

»Die vier Temperamente« Musik Paul Hindemith

1947: »Palais de cristal« (auch Sinfonie in C genannt) Musik Georges Bizet

1948: »Orpheus« Musik Igor Stawinsky

1952: »Scotch Symphony« Musik Felix Mendelssohn-Bartholdy

1954: »Western Symphony« Musik H. Kay

1956: »Divertimento Nr. 15« Musik Wolfgang Amadeus Mozart

1957: »Agon« Musik Igor Strawinsky
1960: »Liebeslieder-Walzer« Musik Johannes Brahms
1972: »Symphony in three Movements« und »Violin Concerto« beide Musik
Igor Strawinsky

Balanchine hat auch, allerdings mit etwas weniger Geschick, alte, abendfüllende Ballette neugestaltet. Sein besonderes Verdienst liegt beim sogenannten abstrakten Ballett, das entweder überhaupt keine bestimmte Aussage machen will oder eine solche nur andeutet. Es ist schwierig vorauszusagen, ob sich das Opus von Balanchine auf die Dauer halten wird. Immerhin ist anzunehmen, daß einige seiner Werke auch in Zukunft immer wieder gespielt werden dürften.

Zusammen mit Balanchine ist bei der Betrachtung des mit dem klassischen Tanz arbeitenden Balletts in den USA Jerome Robbins (geb. 1918) zu nennen. Mit »Fancy free« (1944), einem typisch amerikanischen Ballett, erzielte Robbins seinen ersten großen Erfolg. In seiner Eigenschaft als Mitdirektor beim New York City Ballet (zusammen mit Balanchine) schuf Robbins einige Choreographien, die seinen Ruf festigten:

1950: »Age of Anxiety« Musik Leonard Bernstein
1953: »Afternoon of a Faun« (Neufassung) Musik Claude Debussy
1969: »Dances at a Gathering Musik F. Chopin
1971: »Goldberg-Variationen« Musik J. S. Bach

Wenn auch Robbins zweifellos einer der interessantesten und eindrucksvollsten Choreographen ist, so verdankt er doch seinen weltweiten Ruf in erster Linie seinen Tänzen in den Musicals. Mit »The fiddler on the Roof« (1964), in Deutschland bekannt als »Anatevka«, und ganz besonders in »Westside Story« mit der Musik von Leonard Bernstein, hat Robbins die heutige unterhaltende Musikszene erweitert und belebt wie kaum ein anderer vor ihm. Er ist für Millionen zum Inbegriff eines auf Jazz Dance spezialisierten Choreographen geworden. Dabei wird vielleicht übersehen, daß seine choreographischen Verdienste noch in höherem Ausmaß auf der Klassik, wie etwa in seinen »Dances at a Gathering«, liegen.

Der Weg des Tanzes und des Balletts von den Pionieren des amerikanischen Modern Dance zur Dance Performance wird in einem besonderen Abschnitt folgen.

Vorstehende Doppelseite:
Sinfonie en Do (auch »Palais de Cristal« genannt), Music C—dur Sinfonie von Georges
Bizet, Choreographie George Balanchine in einer Wiedergabe durch das
Ballett—Ensemble des »Grand Théâtre« Genf

Der Marquis de Cuevas

Nicht immer ist in seiner Bedeutung für das Ballett der Jahre unmittelbar nach dem Zweiten Weltkrieg der chilenisch-amerikanische Ballettmäzen George Marquis de Cuevas (1885-1961) allgemein anerkannt worden. Das erklärt sich vor allem daraus, daß der Marquis seine nach ihm genannten »Grands Ballets du Marquis de Cuevas« fast ganz auf amerikanische und später auf französische Tänzer ausrichtete. De Cuevas war ein reiner Mäzen, der mit mehr oder weniger Geschick und gutem Geschmack seine Truppe leitete. Einige der bekanntesten Künstler, welche mit dem Marquis zusammen gearbeitet haben, sind:

Die Choreographen Bronislava Nijinska, Georges Skibine, Jean Taras und Nicolas Beriozoff.

Die Tänzerinnen Rosella Hightower, Alicia Markova, Marjorie Tallchieff, Tamara Toumanova, Nini Vyroubova.

Die Tänzer Leonid Massine, David Lichine, Eric Brun, Serge Golovine, André Prokovsky, Vladimir Skouratoff. Auch Rudolf Nurejew fand nach seinem Weggang aus der Sowjet-Union zuerst beim Marquis de Cuevas Aufnahme. Eine prunkvoll ausgestattete Produktion des »Dornröschen« in ausgewählter Besetzung war 1960 das Ende der »Grands Ballets«.

In ähnlicher Art wie der Marquis de Cuevas spielte auch die Amerikanerin Rebekka Harkness (1915-1982) zwischen 1964 und 1975 eine bedeutende Rolle als Mäzenin.

Das Sowjet-Russische Ballett

Für unsere Beziehungen zum Sowjet-Ballett ist das Jahr 1956 von entscheidender Bedeutung geworden. Damals kam zum ersten Mal das Bolschoi-Ballett aus Moskau nach Mitteleuropa und öffnete uns die Augen für das, was seit der Oktober-Revolution in der Sowjet-Union im Bereich des Balletts vor sich gegangen war.

Das junge Ballett der Nachrevolutionszeit konnte an die große Vergangenheit des zaristischen Balletts anknüpfen. Der damalige Kulturkommissar Anatol Lunatscharski (1875-1933) vermochte jedoch den Revolutionsführer Lenin davon zu überzeugen, daß sich durch das Ballett auch politisches Kapital erschließen läßt. Galina Ulanowa, die große Sowjet-Ballerina (geb. 1910), erzählt in ihren Lebenserinnerungen, wie sie als Kind frierend und hungrig im Theater saß, wo ihre Eltern, ein Tänzerehepaar, in Ballettvorstellungen auftraten, die eine eigenartige Mischung zwischen politischer Versammlung und Ballettaufführung waren. Bald entstanden die ersten eigenen Ballette, die noch ganz der kommunistischen Doktrin zu dienen hatten. Ein Beispiel dafür ist der »Rote Mohn«, Choreographie des bei uns unbekannt gebliebenen P. Lastschilin, Musik von Reinhold Glière (1876-1956). Den bösen Kapitalisten werden die guten Kommunisten entgegengestellt, wobei zu erwähnen kaum nötig ist, daß die letzteren den Sieg davontragen. Im Ballett »Das goldene Zeitalter«, Choreographie von E. Kaplan und W. Weinonen, Musik von Dimitri Schostakowitsch (1906-1975), das 1930 uraufgeführt wurde, stehen den korrupten kapitalistischen Fußballern die tugendhaften kommunistischen gegenüber. Der Komponist erklärte später, er fände das Ballett in dramaturgischer Hinsicht recht unglücklich. Der Hauptfehler liege darin, daß der Versuch, die Wirklichkeit im Ballett darzustellen, nicht mit den Gegebenheiten eines Balletts zu vereinen gewesen sei. Auch »Die Flamme von Paris«, Choreographie von W. Wainonen (1901 - 1964),

Linke Seite: Galina Ulanowa, die große Dame des sowjetischen Balletts.

entlehnt zwar seinen Stoff der französischen Revolution, zeigt aber trotzdem unübersehbare kommunistische Tendenzen. Auffallend ist der Hang zum literarischen Stoff, der sich im Ballett und auch in der Oper zeigt. Der Grund dafür ist die tiefe Verbundenheit der Russen mit ihrer Literatur, was sich auch immer wieder im Gespräch mit den heutigen sowjetrussischen oder ex-sowjetrussischen Ballettleuten zeigt. Im Mittelpunkt steht der romantische Dichter Alexander Puschkin (1799-1837), nach dem mehrere Ballette, wie wir sehen werden, nachgebildet sind. Doch zurück zur »Flamme von Paris«. Der Komponist des Werkes ist Boris Assafjew (1884-1949), der unter dem Namen Glebov auch als Musikhistoriker hervortrat. Seine beiden weiteren bekannten Ballette sind »Der Springbrunnen von Bachtschissarai«, Textbuch nach Puschkin, Choreographie von Rotislaw Sacharow (1907-1984) und, ebenfalls nach Puschkin, »Der Gefangene im Kaukasus« (1938), Choreographie von Leonid Lawrowski. Bei uns sind diese Sowjetballette kaum bekannt geworden. Einzig Wazlaw Orlikowsky (geb. 1921) hat 1965 in Basel den »Springbrunnen« ungekürzt auf die Stadttheaterbühne gebracht und zwar unter dem Namen »Fontäne von Bachtschissarai«. Das Werk lebt von einer dramatischen Auseinandersetzung der von Khan Girej geraubten und dann geliebten Fürstentochter Maria und seiner früheren Lieblingssklavin Sarema. Aufführungen mit den beiden Ballerinen Ulanova und Plissetzkaja müssen ein faszinierendes Erlebnis gewesen sein.

Im Mittelpunkt des Sowjetballetts stehen die drei Werke mit Musik von Serge Prokofjew (1891-1953), »Romeo und Julia«, zuerst 1938 in der Tschechoslovakei aufgeführt, »Cinderella« (1945) und, etwas weniger bekannt, »Die steinerne Blume« (1954). So richtig entdeckt worden ist »Romeo und Julia«, mit der Ulanova in der Hauptrolle, eigentlich erst anläßlich der Aufführung in Leningrad im Kirow-Theater (1940) in der Choreographie von Leonid Lawrowski, der zusammen mit dem Komponisten auch das Libretto entwarf, »Cinderella« (»Aschenbrödel«) ist ebenso wie »Romeo und Julia« zu einem Erfolgsballett geworden. Die Uraufführung wurde von Rostislaw Sacharow choreographiert, Olga Lepeschinskaja (geb. 1916) war das erste Aschenbrödel. Wie sehr sich die Einstellung zur Musik ändert, geht nicht zuletzt daraus hervor, daß solche, die früher als kaum tanzbar empfunden wurde, für uns heute als problemlos gilt. So bestätigen sowohl die Ulanowa als auch die Lepeschinskaja, daß Prokofjews für uns heute so sangbare Musik den Tänzern bei den ersten Aufführungen der Ballette einige Mühe bereitete.

Ein weiterer Komponist, der für das Sowjet-Ballett bedeutende Werke schrieb, ist der Armenier Aram Chatschaturian (1903-1978). »Gajaneh« (1942) ist bei uns nur bruchstückweise, besonders durch den populären Säbeltanz, bekannt geworden. »Spartakus« (1956) in der Choreographie von Leonid Jakobson war nur wenig Erfolg beschieden. Erst die Neuchoreographie des Bolschoi-Ballettdirektors Juri Grigorowitsch (geb. 1927) wurde für das Bolschoi-Ensemble zu einem Welterfolg. Eine Traumbesetzung mit Nina Timoffejewa, Jekaterina Maximowa, Maris Liepa und Wladimir Wassiljew, in Verbindung mit dem über sich selbst hinauswachsenden Bolschoi-Ensemble, wurde anläßlich von Gastspielen überall in der Welt bejubelt.

Die Ballerina Nadeja Pawlowa vom Bolschoi Ballett Moskau

In den letzten Jahren zeigt sich in der Sowjet-Union die Tendenz, in vermehrtem Maß auch kürzere Ballette zu kreieren. Größere Erfolge sind hingegen ausgeblieben und das abendfüllende Handlungsballett scheint nach wie vor die Spezialität der Russen zu bleiben. Zum Repertoire der erwähnten neueren Werke kommt eine überaus rege Pflege der großen Ballette des 19. Jahrhunderts, die tänzerisch und stilistisch in wegweisender Interpretation getanzt werden.

Das Sowjet-Ballett lebt in hohem Maß von der Technik und dem Stil seiner Interpreten. Das Kirow-Ballett mag stilistisch noch reiner und einheitlicher sein als das Bolschoi-Ensemble, das dafür in dramatischer Gestaltung der Rollen hervortritt. Die beiden Bühnen sind jedoch nicht die einzigen, die hervorragende Aufführungen zeigen. Die Kompanien in Perm, Riga, Kiew oder im entfernten Ural, Nowosibirsk, stehen denjenigen der Städte Moskau und Leningrad kaum nach.

Trotz des Aderlasses, dem sich besonders das Kirow-Ensemble durch den Wegzug emigrierender Tänzer wie Nurejew, Baryschnikow, Godunow oder Nathalia Makarova ausgesetzt sah, scheint die Sowjet-Union über ein unerschöpfliches Reservoir guter Tänzer zu verfügen. Dies ist die natürliche Folge der exemplarischen Schulung der Tänzer von den Kinderballettjahren bis zur Büherenreife. Sie sichert nicht nur die technische Reife der angehenden Tänzer. Sie fördert auch in einem bei uns unbekannten Ausmaß ihre musisch-allgemeine Bildung. Die beiden bekanntesten Schulen, das Choreographische Waganova-Institut in Leningrad und die Schule des Bolschoi in Moskau nehmen Schüler nur nach einer harten Selektion auf und wer nicht mitkommt, wird wieder ausgeschieden. Die beiden Schulen versorgen nicht nur ihre eigenen Kompanien mit einem vorbildlich geschulten Nachwuchs. Da nicht alle im Bolschoi und im Kirov unterkommen können, werden fertig ausgebildete Schüler auch in die Provinz verpflichtet oder dem nationalen Volkstanzensemble, dem Moissejew-Ballett, zugeteilt. Umgekehrt haben besonders fähige Leute aus der Provinz die Möglichkeit, ins Bolschoi Ballett aufgenommen zu werden. So kommt Nadeschda Pawlowa, nicht zu verwechseln mit der grossen Anna Pawlowa, aus Perm.

Zwei unter kaum zählbaren Pädagogen sollen nicht unerwähnt bleiben. Agrippina Waganowa (1879-1951) war die große Dame der russischen Ballettschulung. Ihr Buch »Grundlage des klassischen Tanzes« ist das Ballettlehrbuch schlechthin. Fedor Lopuchow (1886-1973) darf als der Begründer und Förderer des akrobatischen Pas de deux-Stils bezeichnet werden. Er ist auch als Choreograph hervorgetreten und galt als einer der Begründer des sinfonischen Balletts. Er choreographierte die vierte Sinfonie von Beethoven bereits im Jahre 1923.

Das Bild des Sowjet-Balletts wäre nicht vollständig, würde nicht auch das zweite Leningrader Ensemble, das etwas mehr der Moderne zugekehrte Maly-Ballett, genannt. Alle die hervorragenden Tänzer der Vergangenheit und der Gegenwart des Sowjet-Ballets aufzuführen, würde den Rahmen dieses Buches bei weitem sprengen. Bei jedem Besuch in Moskau oder Leningrad oder bei jedem Gastspiel der Russen bei uns entdeckt man neue Namen. Um die tänzerische Zukunft der Sowjet-Union braucht man nicht zu bangen!

Französisches Ballett nach 1945

Im Gegensatz zu Deutschland konnte Frankreich nach Ende des Zweiten Weltkrieges auf ein mehr oder weniger intaktes Ballett zählen. In erstaunlich kurzer Zeit bildeten sich, neben dem auch während des Kriegs aktiven Ballett an der Opéra, unter der choreographischen Führung von Roland Petit (geb. 1924), zuerst die »Ballets des Champs-Elysées« und etwas später die »Ballets de Paris«. Petit verstand es, eine Reihe bedeutender Tänzerinnen und Tänzer wie Violette Verdy, Zizi Jeanmaire, Irène Skorik und Jean Babilée um sich zu scharen. Er sicherte sich auch die Mitarbeit von Künstlern wie Jean Cocteau, den Komponisten Henri Sauguet, Jacques Ibert, Jean Françaix, Henri Dutilleux, Marcel Landowsky und dem Bühnenmaler Christian Bérard. Wenn Petit auch als ehemaliger Tänzer der Opéra dem klassischen Tanzstil sehr nahe steht, so vermochte er dennoch immer wieder, in modernere Ausdeutungen vorzustoßen. Roland Petit leitet seit 1972 als Direktor und Chefchoreograph das »Ballet National de Marseille«. Seine bedeutendsten Ballette sind:

1945: »Les Forains« Musik Henri Sauguet
1946: »Le jeune-homme et la mort« Musik J. S. Bach
1949: »Carmen« Musik nach G. Bizet
1953: »Le Loup« Musik Henri Dutilleux
1959: »Cyrano de Bergerac« Musik B. Constant
1973: »La rose malade« Musik G. Mahler

Erwähnenswert ist auch ein Debussy-Programm voller Poesie und ein gelungener »Blauer Engel« nach »Professor Unrat« von Heinrich Mann. Im Rahmen der Klassiker-Neufassungen war die »Coppélia« besonders erfolgreich. Roland Petit verfügt in Marseille über ein Ensemble, das neben demjenigen der Pariser Oper als bestes des Landes bezeichnet werden darf.

Eine absolute Ausnahmeerscheinung unter den französischen Choreographen ist Maurice Béjart, geboren 1928 als Sohn eines der geistigen Führer des Nachkriegsfrankreich, Gaston Berger, Professor der Philosophie in Marseille (1896-1960). Béjart genoß in Paris eine sorgfältige klassische Tanzerziehung, wendete sich aber bald in seinen ersten choreographischen Versuchen einem stark erweiterten neuen Tanzstil zu. Ein erster Durchbruch gelang Béjart mit seiner »Sinfonie pour un homme seul« (1955) und mit »Haut voltage« (1956). Im Jahre 1960 gründete Béjart in Brüssel das »Ballet du XXe siècle« und es folgten, meist für diese Truppe choreographiert, eine kaum mehr übersehbare Zahl von neuen Werken, in welchen Béjart eine geradezu unwahrscheinliche Phantasie im Ersinnen immer wieder neuer Formen und Themen entwickelte. Ein unverkennbarer Zug seiner Choreographien ist die Berücksichtigung der tänzerischen Klassik in ihrer Verbindung mit einem ganz neuen Bewegungsvokabular. Béjart steht der fernöstlichen Welt sehr nahe und hat häufig, wohl am ausgesprochensten in »Bhakti« (1968), eine Verbindung europäischen und asiatischen Tanzstils angestrebt. Der Choreograph hat auch mit viel Glück für vorher kaum sehr erfolgreiche Ballette neue choreograpische Lösungen gefunden. Er hat so dem »Boléro« von Ravel und dem »Sacre du printemps« von Strawinsky neue Wege erschlossen. Mag er auch manchmal etwas weniger erfolgreiche Werke choreographieren, so erstaunt er doch immer wieder die Ballettwelt mit seinen originellen, geistreichen, tiefsinnigen und auch oft witzigen Balletten. Die Welt des heutigen Balletts wäre entschieden ärmer, wenn Béjart sie nicht immer wieder mit neuen Einfällen bereichern würde. Die Zahl der Béjart'schen Ballette ist übermäßig groß. Sie mag anhand eines der Nachschlagewerke zur Kenntnis genommen werden. In Deutschland (Stuttgart) ist Béjart nicht nur als choreographischer Leiter seines eigenen Ensemble bekannt geworden. Er hat in den letzten Jahren durch eine enge Zusammenarbeit mit dem Stuttgarter Ballett von sich reden gemacht. Seit Herbst 1987 hat sich Béjart mit seinem Ballett in Lausanne niedergelassen (»Béjart Ballet Lausanne«).

An Choreographen der Béjart-Generation in Frankreich ist unter vielen andern Janine Charrat (geb. 1924) zu nennen. Ihre größten Erfolge feierte sie mit ihren Choreographien »Jeux de cartes« (1945) mit der Musik von Strawinsky und mit »Les algues« (1953). Nach einem Unfall — die Choreographin erlitt auf einer Probe schwere Verbrennungen — ist es um Janine Charrat etwas still geworden. Aus dem französischen Ballettgeschehen freilich ist sie nicht wegzudenken. Französische Choreographen der 50er bis 80er Jahre sind Felix Blaska (geb. 1941), Joseph Lazzini (1927), Michel Descombey (1930), einige Jahre Ballettdirektor des Opernhauses Zürich, und der Franzose rumänischer Herkunft Gigi Caciuleanu (geb. 1947). Beachtlich ist auch, was Nancy leistet. Nach erfolgreicher Aufbauarbeit von Hélène Trailine leitet nun Patrik Dupont die Truppe. Von weiterer Bedeutung sind beim »Ballet du Nord« der ehemalige Cubaner Alfonso Catà, bei den »Ballets du Rhin« (Mülhausen, Colmar und Straßburg) Jean Sarelli und in Toulouse Joseph Russillo.

Wie überall, wo das Ballett eine Rolle spielt, hat sich auch in Frankreich eine neue Bewegung abzuzeichnen begonnen. Einen wesentlichen Anstoß dazu hat die

Amerikanerin Carolyn Carlson (geb. 1943) gegeben. Um die oft etwas allzu sehr in der Tradition verhaftete Ballettarbeit an der Opéra zu beleben, beauftragte Intendant Rolf Liebermann 1974 die Choreographin mit choreographischen Studien, die nicht unbeachtet blieben. Carolyn Carlson leitet seit ihrem Weggang von der Pariser Oper 1980 ein Studio für experimentale Choreographie in Venedig.

Das neuere französische Ballett leidet entschieden unter einem Mangel an künstlerischer Selbstständigkeit. Entweder versucht es den Carlson-Stil eher erfolglos zu imitieren oder es verfällt in eine billig anmutende Béjart-Nachahmung oder es versucht sich in einer Kopie des deutschen Tanztheaters im Stil von Pina Bausch. Trotz

Béjart-Ballet Lausanne

145

des an und für sich verdienstvollen Choreographiewettbewerb in Bagnolet hat sich kaum einer der französischen Choreographen oder Tanztruppen aus dem Mittelfeld der Bedeutungslosigkeit hervorzuarbeiten vermocht. Wenn in Frankreich jedoch ernstzunehmende Moderne zu sehen ist, so steht sie fast immer unter dem Einfluß der Amerikaner wie etwa Merce Cunnigham (geb. 1919) oder Alwin Nikolais (geb. 1912). Cunningham ist wiederholt auch an der Opéra choreographisch hervorgetreten. Diese ist und bleibt jedoch trotz aller stilistischen Modernisierungsabsichen die Hochburg des traditionellen Tanzstils. Das ist auch nach wiedrholtem Wechsel der Ballettdirektoren bis heute unter der Ballettdirektion von Nurejew so geblieben. Ein Wort sei der Ballettschule der Pariser Oper zugedacht. Claude Bessy, Leiterin der Schule, bringt regelmäßig technisch und künstlerisch ganz hervorragend geschulte junge Tänzer heraus. Als Beispiele seine Patrik Dupont (geb. 1959) und Sylvie Guillem (geb. 1965) genannt. Letztere ist kaum 20jährig bereits zur »Danseuse Etoile« ernannt worden. Die jungen, kurzer Zeit zu Weltruhm gelangten Pariser Tänzer sind im Begriff, zu würdigen Nachfolgern der Stars der Lifar-Zeit zu werden. Es zeugt jedochvon gewissen Mißständen, daß sowohl die Guillem als auch Dupont die Opéra neuerdings verlassen haben. Zusammen mit London ist Paris die europäische Stadt, die, nicht zuletzt dank zahlreicher Gastspiele, den Ballettfreunden die meisten Genüsse und Anregungen anbietet.

Neueres englisches Ballett

Ähnlich wie in Paris wickelt sich das Ballett in England in einer bunten Vielfalt, einer Mischung zwischen traditionellem und gegenwartsnahem Tanz ab. Neben dem in den letzten Jahren etwas zurückfallenden »Royal Ballet« spielt in London auch das »London Festival Ballet«, neuerdings »English National Ballet« genannt, eine große Rolle bei der Klassikerpflege. Die beiden andern bekannten Londoner Kompanien sind die auf das Jahr 1926 zurückgehende »Rambert Dance Company« und das »London Contemporary Dance Theatre«. Das erstere Ensemble pflegt einerseits einen der Klassik verbundenen Stil, stößt jedoch auch in neuere Gefilde des Balletts vor. Das letztere ist ganz der Moderne verpflichtet. Beide Kompanien widmen sich erfolgreich auch der Tänzerschulung in einem, ihren künstlerischen Tendenzen angemessenen Stil des Tanzes.

Die Zahl der meist in London niedergelassenen modernen Ensembles ist sehr groß. Zu eigenen Aussagen haben sich freilich die wenigsten durchgearbeitet. Vieles, was man zu sehen bekommt, ist nicht ohne Wert, aber kaum von epochaler Bedeutung.

Auch im choreographischen Bereich des eigentlichen Balletts ist England zur Zeit nicht reich. Die überragende Persönlichkeit ist zweifellos Kenneth MacMillan (geb. 1929). Die Liste seiner Choreographien ist lang und einige seiner besten Werke sind:

1965: »Romeo und Julia« Musik Serge Prokofjew
1974: »Manon« Musik Jules Massenet
1978: »Mayerling« Musik Franz Liszt

MacMillan, der Direktor des Royal Ballet, des Balletts der Deutschen Oper Berlin war und heute als freier Choreograph arbeitet, schuf auch für das Stuttgarter Ballett bedeutende Werke:

1963: »Las Harmanas« Musik Frank Martin

1965: »Das Lied von der Erde« Musik Gustav Mahler

1977: »Requiem« Musik Gabriel Fauré (dem Andenken von John Cranko gewidmet)

MacMillan arbeitet auf klassischer Basis und beweist so, daß man auch im hergebrachten Stil Werke durchaus neuzeitlichen Charakters erarbeiten kann.

Weitere englische Choreographen, welche übernationale Beachtung verdienen, sind Peter Darell (1929-1988), der ehemalige Leiter des »Scottish Ballet« in Glasgow, und der dem Ballet Rambert entstammende Christopher Bruce (geb. 1945).

Deutschland und die Schweiz werden zu Ballettländern

Im Gegensatz zu Frankreich, Italien und England verfügte Deutschland, und mit ihm das ganze deutsche Sprachgebiet mit Österreich und der deutschen Schweiz, nicht über eine Tradition des Balletts. Es hatte zu sehr unter dem Einfluß des deutschen Ausdruckstanzes und des diesem verbundenen Kammertanzes gestanden, als daß es dem Ballett größere Beachtung zu schenken vermochte. Die Hitlerzeit war dem klassischen Tanz zwar nicht restlos abgeneigt, tat aber umgekehrt auch nichts, um ihm und dem Ballett zu einer Vorwärtsentwicklung zu verhelfen. Im Vordergrund stand der »Volk und heimatlichem Boden verbundene Volkstanz«. Die Theater sahen mangels Interesse des Publikums keinen Anlaß, dem Ballett mehr Aufmerksamkeit zu schenken denn als Hilfskraft beim Ausschmücken von Operetten und beim Tanzen der Balletteinlagen in den Opern. Ereignisse von Bedeutung waren auch früher selten und die Erstaufführung des »Wunderbaren Mandarin« 1926 in Köln und die Aufführungen des »Grünen Tisch« in der Choreographie von Kurt Jooss, mit dem 1932 der Internationale Choreographie-Wettbewerb in Paris für Deutschland gewonnen worden war, bildeten seltene Ausnahmen.

Erstaunlich rasch nach Kriegsende fand 1948 in München die Uraufführung eines Balletts statt, das an den Anfang der Ballettereignisse der Nachkriegszeit gestellt werden darf, das »Abraxas«-Ballett von Werner Egk. Der Komponist war während des Kriegs dank der Aufführung seines Balletts »Joan di Zarissa« 1942 an der Pariser Oper durch den Choreographen Serge Lifar mit dem Ballett im eigentlichen Sinn des Wortes bekannt geworden. Das »Abraxas«-Ballett, das auf eine Faust-Studie von Heinrich Heine und mittelalterliche Bearbeitungen des Faust-Stoffes zurückgeht, erregte bei seiner Uraufführung an der Bayerischen Staatsoper wegen angeblicher Anstößigkeit der Handlung den Unwillen der katholisch-kirchlichen Kreise, und es wurde nach wenigen Aufführungen vom Spielplan abgesetzt. In einer neuen Choreographie von Janine Charrat (die erste stammte von Marcel Luitpart [1912-1989] begann das Werk einen Siegeszug durch die deutschen Städte.

Als der erste deutsche Choreograph der Nachkriegszeit darf Erich Walter (1927-1983) bezeichnet werden. Zuerst in Wuppertal, später in Düsseldorf, verstand es der eigentlich vom modernen Tanz herkommende Choreograph, Werke von ausschlaggebender Bedeutung zu schaffen. Unter vielen sind besonders zu erwähnen:

1955: »Pelleas und Melisande« Musik Arnold Schönberg

1964: »Der Tod und das Mädchen« Musik Franz Schubert

Walter pflegte ferner das abendfüllende Handlungsballett und formte in Düsseldorf das Ballett der Deutschen Oper am Rhein zu einem der führenden Ensemble der Bundesrepublik.

Das Ballett der Deutschen Oper Berlin, das heute unter der Leitung des einst bedeutenden Tänzers Gert Reinholm steht, ist ganz wesentlich durch die mit dem bedeutenden Ballettpädagogen Victor Gsowsky (1902-1974) verheiratet gewesene Tatjana Gsowsky (geb. 1901) geprägt worden. Sie hat, hauptsächlich in Berlin, einige Ballette geschaffen, die sie zu einer der überragendsten Persönlichkeiten des deutschen Balletts stempelten. Sie ist aus dem Ballettgeschehen Berlins nicht wegzudenken. Weiterhin zu erwähnen ist ein gebürtiger Russe, der aus der Sowjet-Union nach Westeuropa gekommene Wazlaw Orlikowsky (geb. 1921). Er hat, zuerst in München und Oberhausen, später während 12 Jahren in Basel fast das gesamte Repertoire der russischen Handlungsballette, von bescheidenen Versuchen von Boris Pilato (Giselle 1953 in Bonn) abgesehen, als erster in der deutschsprachigen Ballettlandschaft zur überaus erfolgreichen Aufführung gebracht.

Auch der nächste Schritt zur Erstarkung des Balletts in Deutschland ist einem Mann aus dem Osten, dem Litauer Nicholas Beriozoff (geb. 1906), zu verdanken. Er spielte, zuerst in Stuttgart, etwas später am Opernhaus Zürich fast das ganze Repertoire abendfüllender Ballette durch und leistete so einen ebenfalls wesentlichen Beitrag zur Popularisierung des Balletts.

Es war ein schwerwiegender Entschluß des um das Ballett in Stuttgart so verdienten Intendanten Walter Erich Schäfer, Beriozoffs Stuttgarter Tätigkeit 1961 enden zu lassen und ihn durch den südafrikanisch-englischen Choreographen John Cranko (1927-1973) zu ersetzen. In systematischer Aufbauarbeit verstand es Cranko, sein eigenes Schaffen zu steigern und aus der Ballettkompanie des Württembergischen Staatstheaters eines der führenden Ensembles in Europa zu machen. Das Oeuvre von Cranko ist, obwohl es in nur 12 Jahren in Stuttgart entstanden ist, fast unübersehbar. Seine größten Erfolge aber waren die abendfüllenden Handlungsballette (»Pagodenprinz«-Musik Benjamin Britten / »Onegin«-Musik nach Tschaikowsky / »Der Widerspenstigen Zähmung« — Musik nach Scarlatti / »Romeo und Julia« — Musik von Prokofjew). Viele Ballette von Cranko stehen auch heute noch im Stuttgarter Repertoire und viele sind auch von anderen bedeutenden Theatern nachgespielt worden. Zeit seines Lebens wurde Cranko von einem Teil der Ballettpresse heftig angegriffen. Heute ist er zu einem Begriff, zum eigentlichen Begründer des deutschen Balletts geworden. Erich Walter im Rheinland, Wazlaw Orlikowsky

150

und Nicholas Beriozoff in der Schweiz und John Cranko in Stuttgart waren nicht nur als Choreographen und Inszenatoren ihrer Ballette bedeutungsvoll. Ihre Verdienste liegen weitgehend auch darin, dem deutschen Sprachgebiet die Liebe, ja die Begeisterung für die Kunst des Balletts geschenkt zu haben.

Ein Verdienst Crankos ist es auch gewesen, jungen, für Choreographie begabten Tänzern dank der in Stuttgart bestehenden Noverre-Gesellschaft, kontrollierte choreographische Versuche zu ermöglichen. Das Resultat solcher Bemühungen war der Aufstieg vom Tänzer zum Choreographen, so John Neumeier (geb. 1942), Jiri Kylian (geb. 1947) und William Forsythe (geb. 1949).

Amerikanisches Ballett von Balanchine
bis zur Performing Art

Neben dem bereits erwähnten »New York City Ballet«, das seine wesentlichen Impulse George Balanchine verdankt, spielt auch das »American Ballet Theatre« eine bedeutende Rolle. Der exilierte russische Tänzer Michail Baryschnikow (geb. 1948) hat es verstanden, dem ihm unterstellten Ensemble besondere Bedeutung zu verleihen.

War anfänglich das Ballett klassischer Richtung fast nur auf New York beschränkt, so bestehen heute im ganzen Land ausgezeichnete Ensembles, so etwa in Washington, Boston und Houston. Wenn letzteres einer ganz besonderen Erwähnung wert ist, so darum, weil dessen Leitung in den Händen des hervorragenden englischen Choreographen Ben Stevenson liegt. Nicht vergessen werden soll, daß in Amerika schon im 19. Jahrhundert Ballette aufgeführt wurden. Die Ballerina Fanny Elssler konnte immerhin schon in der Jahrhundertmitte eine ausgedehnte Gastspielreise durch das Land veranstalten.

Unbedingt zu erwähnen sind die weiteren amerikanischen Choreographen: John Butler (geb. 1920), Glen Tetley (geb. 1926), der nach Crankos Tod während 3 Jahren die Ballettdirektion in Stuttgart versah, Joseph Russilo (geb. 1941), der heute in Frankreich arbeitet und auch der aus Mexiko stammende José Limón (1908-1972).

Wenn man an Ballett-Amerika denkt, so tritt jedoch nicht der klassische Tanz und das überlieferte Ballett in den Vordergrund der Überlegungen. Amerika ist zum Land des Modernen Tanzes und des mit ihm als »Sprache« arbeitenden neueren Balletts geworden.

Auch Mary Wigman hat, wie bereits gesagt, allerdings nur indirekt über ihre Schülerin Hanya Holm (geb. 1893), ihren Anteil an den Verdiensten seiner Förderung. Die eigentlichen Pioniere des neueren amerikanischen Tanzes aber sind Ruth

Linke Seite: »Hoopla«, Choreographie Murray Louis, Murray Louis Dance Company

St. Denis (1879-1968), Ted Shawn (1891-1972), Martha Graham (geb. 1894) und Doris Humphrey (1895-1958). Das Schaffen fast aller amerikanischer Choreographen von Bedeutung läßt sich auf diese Persönlichkeiten des neueren Tanzes in Amerika zurückführen. So verläuft die eine der beiden Hauptlinien von Hanya Holm zu Alwin Nikolais (geb. 1912), Murray Louis (geb. 1926) und zu Glen Tetley (geb. 1926). Die andere läßt sich von Doris Humphrey zu José Limón und Louis Falco und von Martha Graham zu Merce Cunningham (geb. 1919), zu Paul Taylor (geb. 1930), zu Alwin Ailey (1931-1989) und Lester Horton (1906-1953) verfolgen. Auf eine neue Choreographengeneration hat Merce Cunningham den größten Einfluß ausgeübt. Von ihm aus verläuft die Linie zu den Leuten des Post Modern Dance und zur Performing Art. Die letzteren Errungenschaften haben mit Ballett streng genommen nur noch wenig zu tun. Ob es sich, wie beim deutschen Tanztheater, um eine kurzlebige Mode handelt oder um eine Kunst mit Anspruch auf Entwicklungsmöglichkeit, das ist schwer zu sagen.

»Tango«, Choreographie Merce Cunningham,
Merce Cunningham Dance Company

In New York und andern amerikanischen Städten schießen die kleineren und größeren Ensembles der neuesten Richtung wie Pilze aus dem Boden. Neben durchaus ernst zu nehmenden Versuchen macht sich aber auch viel Dilettantismus breit. Es ist eben doch viel leichter, mit oft tanzfremden Bewegungen aufzuwarten als zu beweisen, daß Kunst letztendlich von Können herkommt. Der englische Choreograph Kenneth MacMillan hat das vortrefflich mit den folgenden Worten ausgedrückt: »Natürlich ist es einfacher, wenn man barfuß tanzt. Tatsächlich verdächtige ich immer ein klein wenig die Barfußtänzer, die behaupten, sie wollen nicht die klassische Methode verwenden, — es mag sein, daß sie es nicht können« (aus »Die Welt des Tanzes in Selbstzeugnissen«).

Chronik des Gegenwartsballetts
der deutschsprachigen Länder

Deutschland

Da erfahrungsgemäß an vielen Theatern ein häufiger Wechsel der Ballettverantwortlichen stattfindet, werden nur die Bühnen mit stabil scheinenden Verhältnissen erwähnt.

Ballett der Deutschen Oper Berlin

Die Leitung des Balletts liegt in den Händen des ehemaligen bedeutenden Tänzers Gert Reinholm. Choreographisch ist er nicht tätig und er ist daher gezwungen, regelmäßig Gastchoreographen zuzuziehen. Unter diesen sind Roland Petit, Béjart, van Manen, Peter Schaufuß (für La Sylphide), MacMillan, Kylian und viele andere. Es ist naturgemäß nicht möglich, einen einheitlichen choreographischen Stil zu erreichen. Andererseits gestattet aber die Vielfalt den Besuchern, andernorts kaum mögliche Vergleiche zu ziehen und einen Überblick über das heutige choreographische Schaffen zu gewinnen.

Ballett der Deutschen Oper am Rhein (Düsseldorf)

Die Lage ist hier ähnlich wie in Berlin. Auch diesem Ensemble stand ein ehemaliger Tänzer, Paolo Bortoluzzi, vor. Da er nicht alle Aufführungen selbst choreographiert, fand man in Düsseldorf häufiger die Inszenierungen von Gastchoreographen. Ab 1991/1992 wird der Schweizer Heinz Spoerli Leiter des Ensembles.

157

Folkwang Studio Essen und Tanztheater Wuppertal

Beide stehen unter Leitung von Pina Bausch, die in kurzer Zeit, zur Wegbereiterin und Führerin des Tanztheaters oder zu einer Choreographin geworden ist, welche das Ballett immer mehr irreführt. Im Bereich des Tanztheaters darf sie für sich in Anspruch nehmen, die erste gewesen zu sein, die mit dieser mit dem eigentlichen Ballett nur noch entfernt verwandten Art des Theaters, Neuland erobern konnte. Pina Bausch ist sowohl Ballettdirektorin in Wuppertal als auch Leiterin des Folkwang Studios in Essen. In letzterem kommen in erster Linie Gastchoreographen zum Zug.

Ballett der Städtischen Bühnen Frankfurt a. M.

Nach John Neumeier, Fred Howald und Egon Madsen hat nun der von Stuttgart herkommende William Forsythe die Ballettleitung übernommen. Er ist Chefchoreograph seiner Kompanie, zieht aber häufig auch Gastchoreographen herbei. Er wird von den Anhängern eines zeitgenössischen Balletts sehr geschätzt. Er hat das Frankfurter Ballett weltweit bekannt gemacht. Eine Vereinbarung zwischen Paris und Frankfurt sichert dem Frankfurter Ballett jährlich zweimalige Gastspiele in Paris zu.

Ballett der Hamburgischen Staatsoper

Nachdem der Hamburger Ballettdirektor John Neumeier einen neuen, langfristigen Vertrag mit Hamburg unterschrieben hat, dürfte die Kontinuität des Balletts in der Hansestadt auf längere Zeit hinaus gesichert sein. Neumeier ist nun bereits über 17 Jahre in Hamburg und er kennt die Stadt und ihr Publikum wie auch dieses den Choreographen in seinen Charakteristika.

Es ist eigenartig festzustellen, wie es um Neumeier herum fast keine Kompromisse gibt. Entweder wird er abgelehnt oder er erfährt die volle Zustimmung, ja die Begeisterung, seiner Anhänger. Was Neumeier in Hamburg zeigt, ist imponierend. Manchmal mag seine Inszenierungskunst, sein untrüglicher Sinn für theatralische Effekte, den Choreographen übertreffen. Trotzdem hat er Werke geschaffen, die weitherum ihresgleichen suchen lassen. Seine »Josephslegende« und seine auf den ersten Blick gewagte Matthäus-Passion mit der Musik von J. S. Bach sind Marksteine des Balletts unserer Zeit. Die von Neumeier in Hamburg geschaffene Ballettatmosphäre ist einmalig. Das zeigt sich auch in der Besucherzahl der jährlich mehrmals durchgeführten sonntäglichen Matineen, die stets lange Zeit im voraus ausgebucht sind. Die kürzlich in eigene Räume übergesiedelte Ballettschule ist zusammen mit München und Stuttgart Garantin für eine systematische Förderung des Tänzernachwuchses.

Letzter großer Erfolg Neumeiers ist sein »Peer Gynt«-Ballett mit Musik von Alfred Garriewitsch Schnittke.

Szenische Wiedergabe der Matthäus Passion von Johann Sebastian Bach,
Choreographie John Neumeier, Ensemble der Hamburgischen Staatsoper

Ballett des Niedersächsischen Staatstheaters Hannover

Ballettdirektor Lothar Höfgen (geb. 1936) (er war früher als Tänzer bei Béjart eingesetzt) choreographiert die meisten Ballette selbst. Ein seinerzeit in Bonn vielver-
sprechender Anfang mit dem beachtenswerten Ballett »Polymorphia« mit der Musik von Krzyztof Penderecki (geb. 1933) konnte allerdings nicht durchgehalten werden und seine Arbeit ist mehr von lokaler als von weiterer Bedeutung.

Ballett des Theaters der Stadt Heidelberg

Ballettchef Johann Kresnik, ein 1939 geborener Österreicher, steht choreographisch ungefähr in der Mitte zwischen der Klassik und Pina Bausch. Seine Arbeiten sind meist gesellschaftskritische Aktionsballette, die, wenn auch immer interessant, doch andererseits nicht bedeutend genug sind, um allgemeine Zustimmung zu finden. So hat Kresnik viele Anhänger, wird aber andererseits auch heftig als eine Art von »Ballettrevolutionär« abgelehnt.Auch Kresnik wird Heidelberg wieder verlassen und nach Bremen gehen. Sein Nachfolger in Heidelberg ist Liz King.

Danza Viva Ballett des Badischen Staatstheaters

Germinal Casado, einst der führende Tänzer im »Ballet du XXe Siècle« bei Béjart, ist ein Mann, der keine Kompromisse kennt. Er geht unbeirrt die von ihm als richtig erkannten Wege und das mag ihm außer einer ganz besonders großen Zustimmung seines Karlsruher Publikums die gelegentliche Kritik der Ballettpresse eintragen. Einige seiner Ballette, etwa der entzückende »Dreispitz« (Musik Manuel de Falla), seine »Carmina burana« (Musik Carl Orff) und erst kürzlich sein »Sommernachtstraum« mit der Musik von Mendelssohn, sind Ballette, wie man ihnen in Deutschland leider nicht zu oft begegnet. Casado ist auch sein eigener Ausstatter , und seine Ballette zeichnen sich stets durch raffinierte Gestaltung aus.

Tanzforum der Oper der Stadt Köln

Oft zum Ärger des traditionsbewußten Publikums verbleibt das unter Leitung von Jochen Ulrich stehende Tanzforum im Bereich neuzeitlichen Balletts. Zu seinen früheren Mit-Direktoren gehörten Helmut Baumann und Jürg Burth.

München-Ballett der Bayerischen Staatsoper

Die bisherigen Ballettdirektoren haben bis jetzt meist glücklos versucht, den Stand des Balletts dem hohen Stand der Oper anzugleichen. Nach längerem Hin und Her wird nun die frühere Primaballerina der Staatsoper, Konstanze Vernon die Leitung des Balletts übernehmen. Die Leitung der Bosl-Stiftung wird sie trotzdem weiterhin beibehalten. Neuerdings heißt das Staatsoper-Ensemble »Bayerisches Staatsballett«.

Ballett am Staatstheater am Gärtnerplatz

Neben Gefälligem brachte der bisherige Ballettdirektor Ivan Sertic auch Ballette auf die Bühne, die eher bescheiden wirkten. Sertic ist nun durch Günter Pick (geb. 1943) abgelöst worden. Es wird sich zeigen, ob es Pick gelingen wird, die Ballettverhältnisse an seinem Theater über das Niveau eines guten Theaterballetts hinaus zu heben.

Die großen deutschen Ballettschulen

Zusammen mit der Ballettschule der Hamburgischen Staatsoper und der John Cranko-Schule in Stuttgart ist die Münchener Hochschule für Musik, das heißt deren Abteilung für Tanz, ein Potential im Bereich der deutschen Tänzerausbildungsschulen. Konstanze Vernon, früher Primaballerina der Staatsoper, hat es dank der nach dem früh verstorbenen Münchner Tänzer Heinz Bosl benannten Stiftung, deren Direktorin sie ist, verstanden, der deutschen Tänzerausbildung ins Gewicht fallende Impulse zu verleihen. Wenn hier vorausgesagt wird, daß sich die Tänzerausbildung in Deutschland mehr und mehr auf die großen Schulen, im Norden Hamburg, in der Mitte Stuttgart und im Süden München, konzentrieren dürfte, so sollen die Leistungen der wenigen guten privaten Schulen und der Hochschulen für Musik mit ihren Abteilungen für Tanz nicht verkannt werden. Richtig scheint es im Hinblick auf die gewaltige Konkurrenz durch gut geschulte Ausländer zu sein, nur wirklich talentierte Jugendliche im Tanz auszubilden. Es ist auch widersinnig, mehr Tänzer auszubilden, als die Theater gebrauchen können. Weitere staatliche Schulen finden sich in Essen, Frankfurt, Hannover, Heidelberg-Mannheim und Köln.

Stuttgart — Ballett des Württembergischen Staatstheaters

Der plötzliche Tod von John Cranko wirkte sich verständlicherweise zuerst negativ aus. Die Kompanie fühlte sich trotz der Verpflichtung des choreographisch hoch begabten John Tetley verlassen und verwaist. Seitdem vor nun 10 Jahren Marcia Haydée die Ballettdirektion übernommen hat, haben sich die Verhältnisse im Ensemble wieder beruhigt. Im Gegensatz zu anderen Ballettdirektoren ist Marcia Haydée noch immer tänzerisch überaus aktiv. Sie vermag, heute in erster Linie durch ihre darstellerische Kunst, und dank ihrer starken Persönlichkeit, dem Stuttgarter Ballett enormes Format zu verleihen.

Neuerdings ist Marcia Haydée auch als Inszenatorin des »Dornröschen-Balletts« in Erscheinung getreten. In prachtvoller Ausstattung von Jürgen Rose verstand sie es, das dramaturgische Geschehen zu straffen und eine allgemein bewunderte Aufführung zu erzielen.

In der Regel zieht die vielbeschäftigte Marcia Haydée für neue Ballette Gastchoreographen zu. Es ist erfreulich, daß sie hier nicht nur Namen wie Béjart und MacMillan, sondern auch Nachwuchschoreographen berücksichtigt. Das hat allerdings zur Folge, daß diese, wenn sie erfolgreich sind, sich wie William Forsythe oder Uwe Scholz selbständig machen und andernorts Stellungen als Ballettdirektoren annehmen.

Im Gegensatz zu fast allen andern Ballettbühnen haben in Stuttgart auch die nicht abendfüllenden Ballette stets Erfolg. Es ist nun einmal so, daß in Stuttgart und Umgebung die Eintrittskarten fürs Ballett außerordentlich begehrt und oft nur schwer erhältlich sind.

Die noch unter Cranko tanzende Tänzergeneration wird, auch wenn sie heute noch sehr aktiv ist, mit der Zeit durch jüngere Kräfte ergänzt werden müssen. Marcia Haydée hat eine glückliche Hand, junge Kräfte zu verpflichten, die heute schon die bewährten zu ersetzen in der Lage sind.

Bühnen der Stadt Ulm — Hessisches Staatstheater Wiesbaden

Mit einem guten Erfolg hat der neue Ballettchef Pierre Wyss, einst Tänzer in Stuttgart, seine Direktionszeit in Ulm mit einem Peer Gynt-Ballett begonnen. Es ist noch zu früh vorauszusagen, welchen Erfolg die nächsten seiner Produktionen haben werden. Wyss, der schon verschiedentlich Proben seiner choreographischen Fähigkeiten abgelegt hat, darf eine gute Zukunftsprognose ausgestellt werden. Ab Spielzeit 1988/89 hat er die Ballettdirektion des Hessischen Staatstheaters in Wiesbaden übernommen.

Freie Gruppen

Wie in fast allen Ländern treten auch in Deutschland zahlreiche freie Gruppen, sogenannte Off-Gruppen, in Erscheinung. Sie kämpfen meistens nicht nur mit künstlerischen Schwierigkeiten, sondern auch mit materiellen. Sie können ihre Mitwirkenden meist nicht genügend und regelmäßig entschädigen. Auflösungen sind daher ebenso zahlreich wie Neugründungen. Neben künstlerisch ernstzunehmenden freien Gruppen macht sich aber oft ein Dilettantismus breit, den zu fördern ein Problem darstellt. Unterstützungsmaßnahmen wären zweifellos dann zu empfehlen, wenn sich diese freien Gruppen im Rahmen mehr oder weniger gehobener Amateurkunst bewegen würden.

162

Marcia Haydée und John Neumeier in »Die Stühle« nach Eugène Ionesco —
Musik Richard Wagner, Choreographie Maurice Béjart.

Sommerakademie Köln

Bei der Betrachtung der bundesdeutschen Ballettszene darf nicht vergessen werden, die Internationale Sommerakademie des Tanzes in Köln zu erwähnen. Die bie-
tet nicht nur die Möglichkeit der Weiterbildung auf den verschiedenen Gebieten
des Bühnentanzes unter Anleitung hervorragender Lehrer. Sie veranstaltet auch einen Choreographen-Wettbewerb, bei dem choreographische Talente entdeckt werden können.

Deutsche Demokratische Republik

Unabstreitbar genießt die Kunst des Balletts, und mit ihr der Beruf des Tänzers, in der DDR einen höheren Stellenwert als bei uns. Das zeigt sich allein schon darin, daß sich jährlich viel mehr Kinder um die Aufnahme in eine der staatlichen Ballettschulen in Ost-Berlin, Dresden oder Leipzig bewerben.

Der klassische Tanz überwiegt bei weitem im Schaffen der Bühnen. Versuche eines Vorstoßes in die moderne Richtung sind zwar immer wieder festzustellen; sie sind jedoch kaum von größeren Erfolgen begleitet. Im Vordergrund des Ballettschaffens stehen die Bühnen in Ost-Berlin, Dresden und Leipzig. Zahlreiche andere Theater unterhalten jedoch ebenfalls Ballettensembles, und die Zahl der Tänzer ist im Verhältnis zur Gesamtbevölkerung außergewöhnlich hoch.

Die stärkste Persönlichkeit des ostdeutschen Balletts ist Tom Schilling, der Chefchoreograph der Komischen Oper in Berlin. Als einziger Choreograph des Landes erfährt er auch eine internationale Anerkennung.

Vorbildlich ist in der DDR das Ballettschulwesen organisiert. Der sowjet-russische Einfluß macht sich positiv geltend, vor allem die staatliche Schule in Berlin darf zu den besten in ganz Europa gerechnet werden. Auch die Palluca-Schule in Dresden ist vorzüglich.

Österreich

Das Schwergewicht liegt auf der Hauptstadt Wien und dort wiederum auf dem Ballett der Staatsoper. In den letzten 20 Jahren hat der ungarisch-italienische Choreograph Aurel von Milloss (1906-1988) schon zweimal die Ballettdirektion innegehabt. Seine Direktionszeiten wurden ab 1966-1967 durch Wazlaw Orlikowsky (geb. 1921) unterbrochen. Ab 1976 versieht der ehemalige Ballettkritiker Gerhard Brunner die Ballettdirektion. Dieser übernimmt nun die Operndirektion in Graz. Sein Nachfolger ist noch nicht gewählt. In Wien zählt daneben auch das meist in Opern und Operetten eingesetzte Ensemble der Volksoper zu den Trägern des Balletts. Außerhalb der Hauptstadt ist es einzig der in der Zwischenzeit als Ballettdirektor der Städtischen Bühnen in Graz tätige Wazlaw Orlikowsky der für Ballettaufführungen ausgezeichneten Niveaus besorgt ist. Die andern österreichischen Städte weisen ein eher becheidenes Leistungsvermögen auf.

Schweiz

Als urdemokratisches Land des deutschen Kulturkreises hat die Schweiz einige Mühe gezeigt, das einst so stark von fürstlicher Förderung abhängige Ballett richtig

*»Orpheus«, Ballett mit Musik von Hans Werner Henze, Choreographie
Ruth Berghaus — ein Szenenbild einer Aufführung der Staatsoper Wien.*

zu hegen. Die Versuche vor 1955, mehr als nur Balletteinlagen in Opern und Operetten zu zeigen, sind zaghaft und vereinzelt geblieben.

Die Lage in Basel hat sich 1955 mit dem Kommen von Wazlaw Orlikowski
schlagartig geändert und die Stadt entdeckte die Schönheit der großen Ballettklas-
siker. »Ballettmekka« wie Basel damals genannt wurde, erlebte einen vorher kaum
für möglich gehaltenen Aufschwung des Balletts. Mit dem Weggang des Choreographen nach Paris, London und Wien, wo er die Ballettdirektion der Staatsoper übernahm, fand die Hochblüte des Balletts bald wieder ein Ende. Heute ist der Schweizer Heinz Spoerli (geb. 1941) Direktor des Basler Balletts. Er findet in hohem Ausmaß die Zustimmung eines Teils des Publikums und der Presse. Er wird 1991/1992
Basel verlassen. Die Stadttheater Bern und Luzern hatten sich seit 1985/86 zu einer
interessanten und vielversprechenden Zusammenarbeit unter der choreographischen
Leitung von Riccardo Duse (geb. 1937) zusammengefunden. Jedes der beiden Theater führte Ballettabende mit kürzeren Balletten mit dem Hausensemble durch. Einmal
im Jahr aber wurden die beiden relativ kleinen Ensembles zur Produktion eines an-
spruchsvollen Ballettklassikers zusammengelegt. Organisatorische Schwierigkeiten

Stadttheater Luzern »Amours, Délices et Orgues« Musik Francis Poulenc, Choreographie Riccardo Duse

sind daran schuld, daß diese Zusammenarbeit ab Spielzeit 1988/89 wieder endete. Riccardo Duse wird sich auf Luzern zurückziehen. Ab 1989-90 wird der Kanadier Mc Kim das Berner Ballett leiten.

Ziemlich bescheiden sind die Ballettverhältnisse in St. Gallen. Die sehr tüchtige und erfolgreiche Pädagogin Marianne Fuchs hat nur die Leitung des Balletts inne. Da sie nicht selbst in größerem Ausmaß choreographiert, zieht sie für ihre Ballett-abende Gastchoreographen zu.

Auf die erfolgreichen Beriozoff-Jahre wechselten die Ballettdirektoren an der größten Bühne der Schweiz, dem Opernhaus Zürich, in rascher Folge ab. Es wurde vielfach als ein Wagnis bezeichnet, daß 1985/86 der aus Stuttgart herkommende Uwe Scholz (geb. 1958) mit der Ballettdirektion betraut wurde. Erstaunliche Erfolge wechseln mit Produktionen ab, die nicht immer restlos zu befriedigen vermögen.

Zweifellos ist Scholz talentiert und der weiteren Entwicklung darf mit Spannung entgegengeblickt werden.

Auch Genf hat, ähnlich wie Zürich, unter häufigem Wechsel der Ballettverantwortlichen zu leiden gehabt. Heute liegt die Leitung bei Gradimir Pankov, doch sein Vorgänger, der Argentinier Oscar Araiz, tritt nach wie vor in Erscheinung als Gastchoreograph.

Lausanne besitzt als einzige größere Stadt in der Schweiz kein eigenes Ballettensemble. Das Publikum wird hingegen durch regelmäßige Ballettgastspiele entschädigt. Neuerdings hat sich nun Maurice Béjart mit seinen Tänzern in Lausanne niedergelassen und er wird die Gastfreundschaft der Stadt bestimmt durch häufiges Auftreten belohnen.

Auch in der Schweiz gibt es zahlreiche Off-Truppen, die mit mehr oder weniger Geschick ein avantgardistisches Publikum zu begeistern vermögen.

Was bis anhin in der Schweiz vermißt wurde, das war eine staatliche oder staatlich geförderte Ballett-Berufsschule. Das heißt allerdings nicht, daß gute Ballettpä- als Glücksfall bezeichnet werden, daß nun neuerdings in Zürich unter der Leitung von Liouba und Pierre Dobrievitch, eine staatlich geförderte »Schweizerische Ballett Berufsschule« geschaffen worden ist.

Nicht ohne Bedeutung ist auch der »Prix de Lausanne«, der bekannte Tänzerwettbewerb.

Bibliographie

Auswahl wichtiger Veröffentlichungen in deutscher Sprache:

Albrecht, Christoph: Zehn Jahre John Neumeier und das Hamburger Ballett 1973 - 1983. Christians Verlag, Hamburg 1983

Balcar, Alexander: Das Ballett, eine kleine Kulturgeschichte. Winkler Verlag, München 1957

Ballett und die Künste, Das. 25 Jahre internationale Sommerakademie des Tanzes. Ballettbühnen Verlag, Köln 1981

Béjart, Maurice: Ein Augenblick in der Haut eines andern. Noack-Hübner Verlag, München 1980

Berger, Renato: African Dance. Florian Noetzel Verlag, Wilhelmshaven 1984

Bie, Oskar: Der Tanz. Verlag Julius Bard, Berlin 1919

Böttger, Friedrich: Die Comédie-Ballet von Molière-Lully. Olms Verlag, Hildesheim 1979

Buckel, Richard Diaghilew, Bussesches Verlagshaus, Herford 1987

Caledoli, Giovanni: Tanz. Verlag Westermann, Braunschweig 1985

Clarke, Mary und Crisp, Clement: Ballerina. VGS, Köln 1988

Clarke, Mary und Crisp, Clement: Tänzer. VGS, Köln 1985

Cohen, Selma Jeanne: Nächste Woche Schwanensee. Dieter Fricke Verlag, Frankfurt 1988

Cranko, John und Schäfer, Walter Erich: Ueber den Tanz. Verlag S. Fischer, Frankfurt 1974

Cunningham, Merce: Der Tänzer und der Tanz. Dieter Fricke Verlag, Frankfurt 1986

De Udaeta, José: Die spanischen Kastagnetten. Ulrich Steiner Verlag, Overath 1985 (mit deutsch-englischem Text)

Fiedler, Leonhard und Lang, Martin: Grete Wiesenthal. Residenz Verlag, Salzburg-Wien, 1985

Fokine, Michael: Gegen den Strom. Henschelverlag, Ost-Berlin 1974

Fonteyn, Margot: Tanzen. Piper Verlag, München 1980

Fonteyn, Margot: Vom Zauber des Tanzes. Albert Müller Verlag, Rüschlikon 1979

Fonteyn, Margot: Die zertanzten Schuhe. Piper Verlag, München 1975

Goldschmidt, Aenne: Handbuch des deutschen Volkstanzes. Florian Noetzel Verlag, Wilhelmshaven 1989

Grigorowitsch, Juri und V.V. Wanslov: Das Bolschoi Ballett- und Operntheater. Verlag Benteli, Bern 1979

Günther, Helmut: Die Tänze und Riten der Afro-Amerikaner. Florian Noetzel Verlag, Wilhelmshaven 1983

Henze, Hans Werner: Undine, Tagebuch eines Balletts. R. Piper Verlag, München 1959

Hoghe, Raimung: Pina Bausch. Suhrkamp Verlag, Frankfurt 1986

Humphry, Dorothy: Die Kunst Tänze zu machen. Florian Noetzel Verlag, Wilhelmshaven 1986

Kirchmeyer, Helmut: Strawinsky's russische Ballette, Ph. Reclam Verlag, Stuttgart 1974

Koegler, Horst und Günther, Helmut: Reclam's Ballettlexikon. Ph. Reclam's Verlag, Stuttgart 1984

Krüger, Manfred: J.G. Noverre und das »Ballet d'action«. Verlag Lechte, Emsdetten 1963

Köllinger, Bernd: Tanztheater. Henschelverlag, Ost-Berlin 1983

Laban, Rudolf von: Die Welt des Tänzers. W. Seifert Verlag, Stuttgart 1922

Laban, Rudolf von: Die Kunst der Bewegung. Florian Noetzel Verlag, Wilhelmshaven 1988

Laban, Rudolf von: Der moderne Ausdruckstanz in der Erzeihung. Florian Noetzel Verlag, Wilhelmshaven 1985

Levinson, André: Meister des Balletts. Verlag Müller & Co., Podsdam 1923

Lewis, Daniel: Die Tanztechnik von José Limon. Florian Noetzel Verlag, Wilhelmshaven 1989

Liechtenhan, Rudolf und Enkelmann, Siegfried: Ballett in Basel. Kirschgarten Verlag, Basel 1962

Liechtenhan, Rudolf: Vom Tanz zum Ballett. Belser Verlag, Stuttgart 1983

Liechtenhan, Rudolf: Arbeitsfeld Bühnentanz. Florian Noetzel Verlag, Wilhelmshaven 1987

Lorenz, Verna: Prima Ballerina. Athenäum Verlag, Frankfurt 1987

Lörinc, György: Methodik des klassischen Tanzes. Florian Noetzel Verlag, Wilhelmshaven 1981

Lörinc, György: Methodik des klassischen Pas de deux. Florian Noetzel Verlag, Wilhelmshaven 1984

Louis, Roger M.: Steptanz, Florian Noetzel Verlag, Wilhelmshaven 1988

Mattox, Matt: Jazz Dance. Weingarten Verlag, Weingarten 1984

Neumeier, John: Traumwege. Hans Christian Verlag, Hamburg 1980

Neumeier, John: Matthäus Passion. Albrecht Knaus Verlag, Hamburg 1983

Niehaus, Max: Isadora Duncan. Florian Noetzel Verlag, Wilhelmshaven 1981

Nijinska, Romola: Nijinsky, Gott des Tanzes. Insel Verlag, Frankfurt 1974

Noverre, Jean Geroges: Briefe über die Tanzkunst und über die Ballette. Reprint der Ausgabe von 1660. »Documenta choreologica«, Zentralantiquariat der DDR, Leipzig

Ottenbach, Friedemann: Die Geschichte der europäischen Tanzmusik. Florian Noetzel Verlag, Wilhelmshaven 1984

Pagels, Jürgen: Charaktertanz. Florian Noetzel Verlag, Wilhelmshaven 1985

Pastori, Jean-Pierre: Tanz und Ballett in der Schweiz. Verlag Pro Helvetia, Zürich 1984, Ergänzungsheft 1989

Percival, John: John Cranko. Belser Verlag, Stuttgart 1985
Perrottet, Claude: Ausdruck in Bewegung und Tanz. Verlag P. Haupt, Bern 1988
Royal Academy of Dancing: Mein Ballettunterricht. Florian Noetzel Verlag, Wilhelmshaven 1988
Rebling, Eberhard: Ballett von A bis Z. Florian Noetzel Verlag, Wilhelmshaven 1990
Rebling, Eberhard: Ballettfibel. Henschelverlag, Ost-Berlin
Rebling, Eberhard: Marius Petipa, Meister des klassischen Balletts, Florian Noetzel Verlag, Wilhelmshaven 1978
Rebling, Eberhard: Die Tanzkunst Indiens, Florian Noetzel Verlag, Wilhelmshaven 1982
Rebling, Eberhard: Die Tanzkunst Indonesiens. Florian Noetzel Verlag, Wilhelmshaven
Regitz, Hartmut: Tanz in Deutschland seit 1945. Quadriga Verlag, Berlin 1984
Regner, Otto Friedrich: Das neue Ballettbuch. Fischer Bücherei, Frankfurt 1962
Regner, Otto Friedrich und Schneiders, Heinz Ludwig: Reclams Ballettführer. Philipp Reclam jun. Stuttgart 1986
Reyna, Ferdinand: Das Buch vom Ballett. Bertelsmann Verlag, Gütersloh, undatiert.
Schmidt-Garré, Helmut: Ballett, vom Sonnenkönig zu Balanchine. E. Friedrich Verlag, Felber 1966
Schneider, Otto: Tanz Lexikon. Verlag Schott's Söhne, Mainz 1985
Schumann, Gerhard: Palucca, Portrait einer Künstlerin. Henschelverlag, Ost-Berlin 1972
Serebrennikov, Nikolai N.: Der Pas de deux im klassischen Tanz. Florian Noetzel Verlag, Wilhelmshaven 1987
Sorell, Walter: Knauers Buch vom Tanz. Droemersche Verlagsanstalt, München 1969
Sorell, Walter: Der Tanz als Spiegel der Zeit, Florian Noetzel Verlag, Wilhelmshaven 1985
Sorell, Walter: Mary Wigman, ein Vermächtnis. Florian Noetzel Verlag, Wilhelmshaven 1987
Stodelle, Ernestine: Doris Humphry und ihr Tanz. Dieter Fricke Verlag, Frankfurt 1986
Stüber, Werner Jakob: Geschichte des Modern Dance. Florian Noetzel Verlag, Wilhelmshaven 1984
Tarassow, Nikolai: Klassischer Tanz, die Schule des Tänzers. Florian Noetzel Verlag, Wilhelmshaven 1988
Taubert, Karl-Heinz: l'Anglaise. Pan Verlag, Zürich 1983
Taubert, Karl Heinz: l'Allemande. Pan Verlag, Zürich 1988
Taubert, Karl Heinz: Höfische Tänze. Verlag Schott's Söhne, Mainz 1986
Terpis, Max: Tanz und Tänzer. Atlantis Verlag, Zürich 1945
Traguth, Fred: Modern Jazz Dance I/II. Florian Noetzel Verlag, Wilhelmshaven 1987

Ulanowa, Galina: Ueber das sowietische Ballett. Verlag Schweiz-Sowiet-Union, Lausanne 1955

von Stählin, Jakob: Theater, Tanz und Musik in Russland. Erscheinungsort: Riga und Leipzig 1769, Peters Reprint, Leipzig 1982

Waganowa, Agrippina: Die Grundlagen des klassischen Tanzes. Florian Noetzel Verlag, Wilhelmshaven 1984

Wangenheim, Anette: Bela Bartok, der Wunderbare Mandarin. Ulrich Steiner Verlag, Overath 1985

Wigman, Mary: Die Sprache des Tanzes. Verlag Battenberg, Stuttgart 1963

Wolgina, Lydia und Pietsch, Ulrich: Die Welt des Tanzes in Selbstzeugnissen, Florian Noetzel Verlag, Wilhelmshaven 1977

Woolliams, Anne: Ballettsaal. Belser Verlag, Stuttgart 1973/1987

Zacharias, Gerhard: Ballett-Gestalt und Wesen. DuMont Verlag, Köln 1962

Zacharias, Gerhard: Susana y José. W. Frick Verlag, Wien 1970

In englischer Sprache:

Beaumont, Cyril W. und Idzikowsky, Stanislas: A Manuel of Theory and Practice of Classical Theatre Dancing. Beaumont Edition, London, 1961

Belew, Helen: Ballett in Moscow to-day. Thames and Hudson Ed.-London 1956

Binney, Edwin: Glories of the Romantic Ballet. Ed. Dance Books Ltd. London 1985

Blasis, Carlo: An elementary treatise upon theory and practice of the art of dancing. Reprint der Ausgabe 1820, Dover Publications New York 1968

Brinson, Peter: Background to the European Ballet, Ed. A.W. Sijthoff, Leiden 1966

Brinson, Peter: The Ballet in Britain. Oxford University Press, London 1962

Bruhn, Eric und Moore, Lillian: Bournonville and Ballet Technique. A. & C. Black, Publ. London 1961

Chujoy, Anatole and Manchester, P.W.: The Dance Encyclopedia Simon and Schuster Publ., London 1967

Clarke, Mary and Crisp, Clement: The History of Dancing. Orbis Publ. London 1981

Cohen, Selma Jeanne: Dance as a Theatre Art (Source reading in dance history). Harper and Row Publ., New York 1974

Cohen, Selma Jeanne: The modern dance, 7 statements of belief. Wesleyan University Publ., Wesleyan 1965

Demidor, Alexander: The Russian Ballet past and present. A- & C. Black Publ. London 1977

Dunby, Edwin: Dancers, buildings and people in the street. Popular Library, New York 1965

Dunby, Edwin: Looking at the Dance. Popular Library, New York 1968
Guest, Ivar: The Ballet of the Second Empire 1858-1870. A. & C. Black, London 1953
Guest, Ivar: The Ballet of the Second Empire 1847-1858. A. & C. Black, London 1955
Guest, Ivar: Gautier on Dance. Dance Books Ltd. London 1986
Guest, Ivar: The romantic Ballet in England. Phoenix Press, London 1984
Guest, Ivar: The romantic Ballet in Paris. Pitman & Son Publ. London 1966
Haskell, Arnold L.: Ballettomania. V. Gollancz Publ. London 1934
Haskell, Arnold L.: Ballet russe. Weidenfels & Bicolson Publ., London 1968
Karsavina, Tamara: Classical Ballet, the flow of movement. A. & C. Black Publ. London 1962
Karsavina, Tamara: Ballet technique. A. & C. Black, London 1950
Karsavina, Tamara: Theatre Street. Constable & Co. Publ. London 1956
Kirstein, Lincoln: Movement and Metaphor. Pitman Publ. London 1970
Kirstein, Lincoln: Four Centuaries of Ballet. Dover Publ. New York 1984
Kragh-Jacobsen, Sved: The Royal Danish Ballet. A. & C. Black Bibl. London 1955
Laban, Rudolf von: A life for dance. Macdonald and Evans Publ. London 1975
Lawson, Joan: The teaching of classical Ballet. A. & C. Black, London 1973
Lieven, Peter: The birth of the Ballets russes. Dover Publ. New York 1973
Loren, Teri: The Dancers Companion. Dial Press, New York 1978
Magriel, Paul: Nijinsky, Pavlova, Duncan, Three lives in Dance. Da Capo Press, New York 1977
Messerer, Asaf: Classes in classical Ballet. Dance Books Ltd. London 1976
Perzival, John: Modern Ballet. Herbert Publ. London 1980
Praagh, Peggy und Brinson, Peter: The Choreographic Art. A. & C. Black, London 1963
Reyna, Ferdinand: Concise Encyclopedia of Ballet. Collins Publ. London 1974
Roslavleva, Natalia: Era of russian Ballet. V. Gollancz Publ. London 1966
Sachs, Curt: World History of Dance. G. Allen and Unwin Publ. London 1937
Silin, Charles: Bensserade and his Ballets de Cour. Humphry Milford Pub. London 1940
Shawn, Ted: Every little movements, a book about François Delsarte. Witmark & Son Publ. New York 1954
Sokolova, Lydia: Dancing for Diaghilew. John Murray Publ. London 1960
Swift, Mary Grace: A loftier flight. Pitman Publ. London 1974
Wilson, G.B.L.: A Dictionary of Ballet, A. & C. Black, London 1974
Winter, Marian Hannah: The Pre-Romantic Ballet. Pitman Publ. London 1974

In französischer Sprache:

Baril, Jacques: La danse moderne d'Isadora Duncan à Twyla Tharp. Ed. Vigot, Paris 1977

Béjart, Maurice: un instand dans la vie d'autrui. Ed. Flamarion, Paris 1979

Binney, Edwin: Les Ballets de Théophile Gautier. Librairie Nizet, Paris 1965

Bland, Alexandre: Histoire du Ballet et de la Danse. Ed. Albin Michel, Paris 1977

Blasis, Carlo: Manuel complet de la Danse. Edition Rebel, Paris 1830

Bourcier, Paul: Histoire de la Danse en Occident. Edition du Seuil, Paris 1978

Brillant, Maurice: Problèmes de la Danse. Edition A. Colier, Paris 1953

Capon, Gaston: Les Vestris. Edition Mercure de France, Paris 1908

Challet-Haas, Jacqueline: Manuel practique de la Danse. Edition Amphora, Paris 1979

Christout, Marie-France: Le Ballet de Cour au XVII siècle, Edition Minkoff, Genève 1987

Christout, Marie-France: Le Ballet de Cour de Louis XIV de 1643 à 1672, Edition A. et J. Picard, Paris 1967

Christout, Marie-France: Histoire de Ballet (Que sais-je?) Presse Universitaire de France, Paris 1966

Concourd, Eduard de: La Guimard. Bibliothèque Charpentier, Paris 1883

Emmanuel, Maurice: La Danse grècque. Edition Hachette, Paris 1896

Guest, Ivar: Le Ballet de l'Opéra de Paris. Ed. Théâtre National de l'Opéra, Paris 1976

Karsavina, Tamara: Souvenirs. Edition Plon, Paris 1931

Kochno, Boris: Le Ballet. Editon Hachette, Paris 1954

Koenig, John Franklin: La Danse contemporaine. Editon Fayard, Paris 1980

Levinson, André: La Danse d'aujourd'hui. Edition Duchartre et Buggenhould, Paris 1929

Levinson, André: Les Visages de la Danse. Edition Bernard Grasset, Paris 1933

Levinson, André: Maria Taglioni. Edition Félix Alcan, Paris 1929

Levinson, André: La Danse au Théâtre. Edition Bloud et Gay, Paris 1924

Lifar, Serge: Giselle, apothéose du ballet romantique. Edition Albin Michel, Paris 1942

Lifar, Serge: Traité de Danse académique. Edition Bordas, Paris 1952

Lifar, Serge: Traité de Choréographie. Edition Bordas, Paris 1965

Lifar, Serge: Ma vie. Edition Juillard, Paris 1965

McGowen, Margaret M.: L'Art du Ballet de Cour en France 1581-1643, Edition Centre National de Recherches scientifiques, Paris 1963

Noverre, Jean Georges: Lettres sur la Danse et sur les Ballets. Edition Aimé Delaroche, Lyon 1760.

Pastori, Jean-Pierre: l'Homme et la Danse. Edition Office du Livre, Fribourg 1980

Pastori, Jean-Pierre: Pierre Lacotte Tradition. Edition Favre, Lausanne 1987 (französischer und englischer Text)

Popard: Irène: Cette gymnastique qui est aussi danse. Edition Chiron, Paris 1988

Prudhommeau, Germaine: Histoire de la Danse I/II, Edition Amphora, Paris 1986-1988

Prudhommeau, Germaine: La Danse grècque antique I/II, Edition Centre National de Recherches scientifiques, Paris 1965

Prunières, Henri: Le Ballet de Court en France. Edition les Introuvables, Reprint 1982

Reiss, Françoise: La vie de Nijinsky. Edition Plon, Paris 1957

Reiss, Françoise: Sur la pointe des pieds. Edition Lientier, Paris 1953

Reiss, Françoise: Nijinsky et la grace. Edition Plon, Paris 1957

Strawinsky, Igor: Cahier de Presse »Sacre du printemps«, Edition Minkoff, Genève 1980

Vaillat, Léandre: La Taglioni. Edition Albin Michel, Paris 1942

Vaillat, Léandre: Histoire de la Danse. Librairie Plon, Paris 1942

Winter, Marion Hannah: Le Théâtre du Merveilleux. Edition Olivier Perrin, Paris 1962

Sach- und Namenregister

Bühnenwerke
(Ballette, Ballettopern, Opern, Musicals)

186

Bildnachweis

8, 9, 10, 11, 16, 19, 20, 21, 22, 23, 24, 25, 26, 29, 33, 35, 36, 37, 39, 41, 43, 44, 46, 48, 49, 51, 52, 53, 54, 64, 74, 77 = Privatbesitz des Verfassers
1, 2, 3, 6, 7, 15, 27, 28, 32, 38, 40, 42, 45, 47, 50, 59, 60, 63, 66, 67, 68, 69, 70, 71, 72, 73, 75, 78 = Archivbilder
12, 13, 14 = Nationalmuseum Turin
17, 18 = Bibliothèque Nationale Paris
55, 56, 57, 58, 65 = mit freundlicher Genehmigung des Henschel-Verlags Berlin DDR
30, 31, 34 = aus Noverre »Lettres«, Ausgabe André Levinson 1927
61, 62 = aus »Serge Diaghilew et l'Art russe« Verlag Arts plastiques Moskau 1982
4, 5 = Photos des Verfassers
76 = Photo Grand Théâtre de Genève
79 = Photo Béjart Ballett Lausanne
80 = Photo Murray Louis Dance Compamny
81 = Photo Nikolais Dance Theatre
82 = Photo London Contemporary Dance Theatre
83 = Photo Merce Cunninham Dance Company
84 = Photo Hamburgische Staatsoper
85 = Photo Württembergisches Staatstheater Stuttgart